Дар сатаны

Андрей Зарин

СОДЕРЖАНИЕ

ДАР САТАНЫ

I

Было всего восемь часов вечера, когда Федор Андреевич возвращался к себе домой, — в первый раз в жизни в свою собственную квартиру, что забавляло и радовало его совсем по-детски.

Он добродушно кивнул дворнику в ответ на его почтительный поклон, деловым тоном спросил: "Не было ли на его имя писем", и степенным шагом прошел под ворота, с радостным трепетом сжимая рукой в кармане ключ от собственной квартиры!..

По довольно опрятной лестнице (хотя она служила для жильцов и парадной, и черной) он, не спеша, стал подниматься к себе в третий этаж, когда вдруг увидел на повороте господина, шедшего по лестнице впереди него. Невысокого роста, скорее полный, чем худой, в шляпе котелком и теплом пальто с рыжим вытертым (когда-то бобровым) воротником, господин этот, пыхтя и отдуваясь, подымался вверх, и Федор Андреевич несколько замедлил свой шаг. Когда господин поднимался на площадку третьего этажа, Федор Андреевич был от него ниже ступенек на шесть. Господин взошел на площадку, повернул налево, и вдруг сразу смолкли и его шаги, и его сопение. Федора Андреевича это невольно поразило; он в два шага очутился на площадке и с изумлением огляделся: ни на площадке, ни на лестнице незнакомца не было. Федору Андреевичу такое исчезновение показалось подозрительным С быстротой юноши он поднялся до площадки пятого этажа и спустился назад в полном недоумении: незнакомец исчез без следа. Ни одна дверь не стукнула, не открылась, мимо него таинственный незнакомец не проходил, — куда же он девался?

Но тут Федор Андреевич увидел на двери ярко вычищенную медную доску со своей фамилией, вынул из кармана ключ и, отворяя дверь в свою новую квартиру, сразу забыл о незнакомце и его таинственном исчезновении.

Федор Андреевич вошел в крошечную прихожую, тщательно запер дверь, повесил пальто и прошел в первую комнату своей квартиры.

Здесь он зажег одну лампу на переддиванном столе, другую на стене, третью на, еще неубранном, письменном столе и с наслаждением опустился на диван, созерцая свои владения.

Крошечная квартирка его имела всего две комнатки с коридором и кухней, но для него этого было вполне достаточно.

Большую комнату он назначил для занятий, еды и приемов. Между окон поместился письменный стол и кресло, в углу этажерка, вдоль стены — книжный шкап; напротив шкапа стал черный крошечный сосновый обеденный стол, над которым теперь весело горела стенная лампа с вертушкой; в углу деревянная колонна, под белый мрамор, с гипсовой фигурою Наполеона в его классической позе. Наконец, свободный угол комнаты (в третьем — стояла печка) заняла гостиная: стол, диван, два кресла на войлочном ковре с изображением крадущегося среди зарослей тигра.

На окнах висели занавески, на дверях — портьеры, в четырех корзинах стояли растения, а по стенам висели несколько гравюр и дюжины две кабинетных портретов в рамках. Все же в совокупности имело такой уютный, приветливый вид, что Федору Андреевичу был вполне простителен его самодовольный восторг.

Конец этим скучным путешествиям по меблированным комнатам с их шумом и гамом, с непрошенными знакомствами, с буйными или навязчивыми соседями...

В своей квартире человек всегда сам себе хозяин.

И, наконец, это уже собственность, оседлость... Растопив печку, заварив чай и ярко осветив комнату, как легко и хорошо можно поработать, помечтать и... вдохновиться...

Федор Андреевич был поэт.

При этих мыслях он взглянул на свой письменный стол,

который, еще неубранный, казался каким-то унылым остовом, на пустую этажерку и книжный шкап и тотчас вспомнил, что ему предстоит еще уборка.

Он бодро прошел в соседнюю крошечную комнату, предназначенную для спальной, переоделся и, вернувшись, занялся уборкой, для чего вытащил из стола все ящики, битком набитые всякими безделушками и бумагами, а из кухни перетащил с десяток свечных ящиков с книгами.

Письменный стол он убирал с особою тщательностью, как иная девица убирает свой туалетный стол, и в этом отчасти сказывался его характер.

А характер у него был прекрасный! Кажется, не было такого человека, который, познакомившись с ним, не полюбил бы его за его открытое сердце, за его громкий, искренний смех, за прямой взгляд его больших серых глаз.

А может быть его любили и за то, что сам он всех любил и причиненного ему зла никогда не помнил.

Испытав в молодости борьбу и лишения в таком горниле, как Петербург; без всякой поддержки прожив годы университетского учения, служа в одном из министерств уже шестой год без всякого движения, в то время, как другие, гораздо менее его способные, перегоняли его, Федор Андреевич к 30 годам жизни сумел сохранить в своей душе веру в людей и всегда с горячим убеждением говорил, что в своей жизни ни разу не встречался с дурным человеком.

Знакомые слушали его с ласковой, снисходительной улыбкой и качали головами, а, отходя от него, переглядывались и чуть заметно пожимали плечами.

Федор Андреевич был поэт, но не из тех, которые считают себя призванными нести на своих раменах все бедствия мира и потому вечно ноют; не из тех, которые, считая себя пророками, бичуют порок и проповедуют прописные добродетели, а просто — поэт, в рифмованных звуках изливавший впечатления своей души.

И все казалось ему прекрасным и радостным.

Тем более люди.

Среди окружающих его не было ни глупых, ни злых, ни корыстолюбивых, ни завистливых, и, если ему случалось слышать осуждение того или другого поступка своего ближнего, он всегда находил ему оправдание.

Про начальника отделения, где он служил, Василия Семеновича Чемоданова, говорили, например, что он черствый эгоист, который для своей карьеры не поступится ничем.

И самая фигура его, сухая, длинная, прямая, как палка, облаченная в вицмундир без одного пятнышка, в сорочку, накрахмаленную так туго, что, переломись у него шея, голова держалась бы все так же прямо над стоячим воротничком; самая физиономия с выскобленною кожею на верхней губе и подбородке, с тщательно расчесанными баками, с презрительным взглядом из-за стекол золотого пенсне, с узким лбом и голым черепом; величественная походка аиста — все, казалось, подтверждало общее о нем мнение. Но Федор Андреевич с ним не соглашался.

Он указывал на массу дела, которую с легкостью исполняет Чемоданов; на огромную семью с доброй полудюжиной племянников и племянниц, которых он содержит, на всем известные факты его неподкупной честности. И, совершенно забывая все злые и дурные о нем рассказы, искренно уважал его.

В то время, когда другие смеялись над манией Петра Петровича Штрицеля мнить себя писателем, он горячо отстаивал за ним это благородное звание, указывая на целый ряд его стишков, напечатанных в разных журналах.

Павла Ивановича Тигрова, вопреки общему мнению, он считал за умного человека, не обладающего только даром слова, и даже Никодима Никодимовича Пузана, признанного всеми за лицемера, он считал возвышенной душою.

Словом, все его знакомые были милейшие люди; все, что они делали, казалось ему прекрасным, и даже лица, встречавшиеся на улице, казались ему всегда симпатичными и добрыми.

В то же время Федор Андреевич не был глуп, как думали

некоторые из его знакомых. Нет, это было просто свойство его души видеть в человеке прежде всего его хорошие стороны.

Когда Федор Андреевич закончил уборку, было уже 12 часов ночи. Он довольным взглядом оглядел свой письменный стол, ярко освещенный кабинетной лампой и теперь прибранный; посмотрел на шкап, за стеклом которого строгими рядами вытянулись корешки книг; на этажерку с журналами и бумагами, — и устало, потянулся.

Потом, совершив свой ночной туалет, он загасил лампы и вошел со свечою в спальную, где тотчас и улегся в постель. Но едва он загасил свечу и плотнее закутался в одеяло, как произошло нечто удивительное...

II

Прежде всего ему показалось, что в соседней комнате мелькнул свет. Он торопливо встал, думая, что одна из ламп не погасла; но в комнате было совершенно темно и торжественно тихо. Он улегся, и тогда до его слуха явственно донеслось шарканье туфель. Они были, вероятно, без задков, и, время от времени, в тишине слышался стук набоек.

Федор Андреевич снова встал, зажег свечу, вышел в соседнюю комнату, крошечную переднюю, прошел по коридору в кухню и вернулся назад. Везде было тихо и пусто, только в кухне за дровяным ящиком суетливо бегали мыши.

Федор Андреевич не был ни труслив, ни суеверен. Это странное шарканье он приписал акустическим свойствам своей квартиры и спокойно улегся снова в постель.

Но едва он погасил свечу, как в коридоре раздались опять те же звуки. Как будто кто-то вышел из кухни и медленной, старческой походкой шел по коридору к передней. Федор Андреевич невольно откинул одеяло и насторожился. Темнота начинала пугать его. Он встал, поднял занавеску и опять улегся.

"Теперь гуляй", — усмехнулся он, взглянув на бледную

полосу света, которую проложил яркий месячный луч. Луч шел вдоль стены, освещая стул против кровати, платяной шкап, до самого угла, где стоял умывальник.

Федор Андреевич закрыл глаза. А туфли шаркали... они уже прошли коридор, прихожую, шаркают по соседней комнате и, наконец, здесь, подле кровати.

Федор Андреевич открыл глаза и вдруг с легким криком поднялся и сел на постели. Он почувствовал, как кожа стягивается у него на черепе, шевеля волосы, и по спине пробегает холодная дрожь.

То, что он увидел, показалось ему до невероятности странным. В полосе света мимо него, шаркая туфлями, прошел маленький, сморщенный старик в пестрой ермолке и халате; он дошел до стула и сел на него, прямо против кровати. Сел, положил желтые руки себе на колена, и вперил тусклый взор в Федора Андреевича, который в этот миг с своим бледным испуганным лицом сам казался выходцем с того света.

И они молча смотрели друг на друга в голубоватом сиянии лунного света...

Виденье стало казаться Федору Андреевичу реальным. В слабой, скорченной фигуре старика не было ничего демонического, а его тусклый взгляд был совершенно безобиден.

Федор Андреевич слегка оправился, но не мог еще совладать с своим голосом и хриплым шепотом спросил:

— Кто вы и что вам надо?..

— Вы мне будете помогайть; я — вам... Я вам много хорошего сделаю! О! — ответил дребезжащим голосом старик, хотя фигура его осталась неподвижной, а сморщенное лицо мертвенно-покойно.

— Кто же вы? — повторил уже явственнее свой вопрос Федор Андреевич.

— Я? Карл-Эрнест-Иоганн-Фридрих Пфейфер. Фридрих Пфейфер, аптекарь.

— Как вы попали сюда?

— Я? Я тут шестнадцать лет! Мне нет покоя. О, шестнадцать лет! Биль здесь много людей, глюпых людей. Я

6

ходил на всех. Все боялся. Глюпые люди! Ви мне будете помогайть, я вам. Я от вас покой иметь буду. О, шестнадцать лет... на ногах... здесь... ужасно!.. — И в крошечной комнате послышался как бы вздох.

— Как же я дам вам покой? — спросил Федор Андреевич и опустился на подушки, приняв полулежачее положение.

— Ви вынимайть меня! У меня есть штук! О, какой! Я буду открывать вам, а вы меня — вон.

— Откуда?

— Здесь! Шестнадцать лет здесь... Карл Иваныч Шельм... о, самый настоящий Шельм! У него аптек, хороший аптек на Гороховой, и он — таракан! О, хитрый шельм!..

— Я ничего не понимаю, — с недоумением произнес Федор Андреевич.

— О, это длинный историй. Я вам буду рассказывайть. Вот...

В это время где-то за стеной часы глухо пробили три, и старичок вдруг заволновался. Очертания его стали бледнеть, расплываться; вместо старичка появилось бледно-светящееся облако, которое медленно растворилось в воздухе...

Раздался оглушительный звонок, от которого Федор Андреевич проснулся и вскочил с постели. Зимнее солнце ярко светило в его окошко. Он было взглянул на часы. Стрелки показывали 10. Наскоро накинув на себя пальто, заменявшее ему халат, Федор Андреевич отворил дверь и впустил дворника, которого вчера еще договорил прислуживать по утрам, а потом снова лег в постель, чувствуя, что не выспался. Сон или видение продолжало как-то странно беспокоить его.

По коридору стучали сапоги дворника, из кухни доносилась его возня с самоваром. Потом он вошел в спальню с охапкой дров, уложил их в печь и, присев на корточки, стал разжигать поленья.

— Послушай, — заговорил Федор Андреевич, — тебя как звать?

Дворник обернул к нему свое молодое безбородое лицо и ответил:

— Иван!

— Скажи, пожалуйста, Иван, отсюда давно съехали прошлые жильцы?

— А што? — и Иван как-то странно взглянул на Федора Андреевича.

— Да так спрашиваю. Давно?

— Месяц, как съехали.

— А долго жили?

— Жили неделю... задаток зажили.

— А раньше были жильцы?

— Были.

Дворник отвечал как-то неохотной каждый раз после ответа с удвоенным старанием начинал дуть в печку.

— И жили тоже неподолгу? — продолжал допытываться Федор Андреевич.

— Всяко было...

— Ну... самое большее?

— Месяц жили.

— А больше?

— Больше не жили.

— Почему же уезжали?

Дворник раздул пламя и поднялся с полу. При последнем вопросе он усмехнулся и ответил:

— Боятся, слышь! Говорят, быдто неладно тут, старик какой-то бродит. Ну, и пужаются.

Потом, постояв немного и видя, что барин лежит молча с закрытыми глазами, сказал:

— Я все изготовил. Извольте запереть! — после чего осторожно вышел из комнаты.

Федор Андреевич тотчас встал. "Значит, не сон, — решил он, заперев дверь за дворником и начиная одеваться, — выходит, у меня квартира с привидением. Вот бы Прибыткову!" При этой мысли он улыбнулся, и к нему вернулось обычное хорошее расположение духа.

III

В 12 часов Федор Андреевич надел шубу и пошел на службу. У ворот он приостановился и сказал дворнику, чистившему панель:

— Если ко мне, Иван, придут письма, ты их возьми к себе.

— Слушаю-с! — ответил дворник.

"Славная физиономия, — подумал, отходя, Федор Андреевич, — открытая, честная. Чисто-русская"!

Он дошел до угла и остановился подле газетчика.

— Будешь каждое утро доставлять мне газету, — сказал он ему, подавая визитную карточку. — Сейчас по этой улице, дом номер 17-ый!

— Слушаю-с, — ответил газетчик, снимая фуражку.

— Да, только, пожалуйста, не запаздывай с ней, — прибавил Федор Андреевич, — не позднее 10 часов.

— Будьте покойны!

Федор Андреевич двинулся дальше.

— Ба, Федор Андреевич, вы здесь? — раздался подле него возглас. — Каким способом?

Федор Андреевич обернулся и с радушной улыбкою поспешил пожать руку своего сослуживца, Орехова.

Необыкновенно высокого роста и необыкновенной худобы, Орехов походил на вешалку, на верхушку которой поставлен цилиндр, а на рогатку повешена изрядно-потрепанная шинель. Лицо его представляло как бы один профиль, да и то очень печального вида, с длинным загнутым носом.

— Каким способом? — ответил Федор Андреевич, идя рядом с Ореховым. — Здесь поселился, у вас; квартиру снял. Прехорошенькая, две комнатки...

— С новосельем, значит! — произнес Орехов унылым тоном и опустил голову, завертываясь в шинель; словно сказал своим близким: "прощайте" и закутался в саван. Унылый тон и мрачный вид никогда не покидали Орехова, и если случалось ему на миг оживиться и придать себе развязный вид, то, спохватившись, он тотчас с удивительным искусством изображал опять человека, приговоренного к смертной казни.

Федор Андреевич прошел с Ореховым в совершенном молчании улицу и, наконец, завертывая за угол, произнес стереотипную фразу:

— Как поживаете? Как здоровы?

Орехов словно ждал этих вопросов и сначала испустил протяжный вздох, а потом заговорил тоном жертвы, покоряющейся судьбе:

— Все так же! Работаю до пяти, потом работаю до 10, потом до 2-х, и так день в день. Работник-то, батюшка, я один, а семья — сам-шесть! О-ох! Жена не помощница. Денег не хватает. Это, голубчик, не по-вашему. Да! Здоровье? Разве я смею хворать? Не смею: значит, и здоров! — и, попав на любимую тему, он уже говорил всю дорогу, не умолкая. По его словам, он представлял собою клячу, которую впрягли в фургон, набитый седоками, и гонят без устали вперед и вперед. Его тон, фигура, самое содержание беседы вызывали всегда сочувствие в слушателях, и он, — как другие при общем внимании гордо выпячивают грудь, становятся развязнее, — по мере речи становился все меланхоличнее и, наконец, смолкал, на половине фразы прерывая себя тяжким вздохом.

Федор Андреевич чувствовал горячую жалость к Орехову, и ему даже было немного совестно за свою сравнительно обеспеченную жизнь.

Они подошли к подъезду и вошли в помещение министерства. Бойкие сторожа предупредительно бросились им навстречу.

Федор Андреевич разделся и, пока Орехов сматывал со своей длинной тонкой шеи бесконечное кашне, легко взбежал по роскошной лестнице на широкую площадку, на ходу пожимая руку то одному, то другому, и, свернув направо, по широкому коридору, направился к своему отделению.

В отделении все уже были в сборе и он стал обходить всех по очереди.

Штрицель, красивый блондин, атлетического сложения,

10

близорукий, как крот, сидел нагнувшись у стола и что-то писал, рискуя носом стереть все написанное.

— А! — широко улыбаясь, приветствовал он Федора Андреевича. — А я на злобу дня пишу. Послушайте!

Он взял листик и прочел, после каждой строчки с вызывающей улыбкой взглядывая на Федора Андреевича:

> Сколько б не было сумбура,
> Поразмысли, мудрый бритт:
> Ты отдуть желаешь бура,
> Как бы не был сам отбрит!
> Драть привык ты по две шкуры...

— А дальше, — заговорил он, откладывая листик, — рифма будет: буры. А? Каково? — и он засмеялся.

— Мило, — улыбаясь сказал Федор Андреевич и быстро выпрямился. Журавлиным шагом, не шевеля головою, в комнату вошел Чемоданов и степенно обошел всех служащих, подле каждого поднимая несгибающуюся руку. После этого он скрылся в своей комнате, и тотчас послышался его скрипучий голос:

— Яков Валентинович!

Старший помощник схватил бумаги и суетливо шмыгнул в комнату начальника.

Федор Андреевич отошел к своему столу. Штрицель снова приложил нос к листику бумаги и видимо задумался над строкой.

Сторож на огромном подносе внес стаканы, налитые чаем; в комнате все занялись завтраком. К Федору Андреевичу подошел Тигров, брюнет с громадной, круглой, как шар, головою, на которой короткие жидкие волосы вились, как у барана. Широко улыбаясь, он сел у стола и, нагнувшись к Федору Андреевичу, заговорил:

— А я, знаете, вчера одну курсистку как срезал?

— Как?

— Я, знаете, показал ей аршина два от полу и спрашиваю:

11

вы видели такого петуха? Она говорит: нет. Я, говорю, тоже не видел! Хохотали весь вечер!

Федор Андреевич улыбнулся.

— Да, знаете ли, — уже с серьезным видом сказал Тигров, — она больно развязна была. Невозможно! Надо было срезать! Ну я ее: чик!.. — и он, сделав соответствующий жест, опять засмеялся.

Чай отпили; закурив папиросу, Федор Андреевич вышел пройтись по коридору. К нему подошел Хрюмин, невысокого роста с сгорбленной фигурою и низко наклоненной головою, словно его ударили по шее. Разговаривая, он крутил ею и постоянно хихикал.

— Жалко, что ты от Штрицеля ушел вчера рано, — сказал он, — было весело!

— А что?

— Так. Он стихи забавные читал, потом Юматов пел.

— Волком выл?

— Нет, пел, — и он захихикал.

— А ты долго сидел?

— Нет. Катька домой захотела. В десять ушли.

Катькой он звал свою жену, и это тоже очень нравилось Федору Андреевичу, как проявление добрых товарищеских отношений к жене.

Подле бухгалтерской они встретили Жохова, настоящего слона, старавшегося держать себя по-светски.

— Ах, братцы, — воскликнул он дружески, — какая вчера у графа Заметова игра была! — и при этом он оглянулся на проходивших мимо чиновников.

— В макао? — вертя головою, спросил Хрюмин.

— Ну, понятно! По 200 рублей рвали!

— Ты-то что сделал?

— 65 выиграл! — и лицо Жохова осветилось самодовольной улыбкой.

"Славные ребята, — думал Федор Андреевич, возвращаясь к своему столу и садясь за работу. — Честнейшие души, открытые, добрые!.."

И, всеми довольный, он погрузился в составление какой-то бумаги.

Когда он окончил составление этой бумаги, часы уже пробили пять, и служащие, торопливо прощаясь друг с другом, вереницею потянулись по коридору к лестнице.

— Федор Андреевич! — раздался оклик Чемоданова.

Федор Андреевич быстро встал и прошел в комнату своего начальства.

Чемоданов движением головы указал ему на стул и заговорил скрипучим голосом:

— Я вас пригласил, чтобы порадовать. Вы давно у меня служите и остаетесь, собственно, без движения. Так вот...

Он побарабанил пальцами по столу и продолжал:

— От нас Якова Валентиновича берут. В финансовое отделение... так я решил ходатайствовать о вас. Думаю, что вы оправдаете мой выбор...

Федор Андреевич покраснел от удовольствия и торопливо ответил:

— Я никогда не манкировал службою, теперь же... поверьте... всегда... — он сбился и замолчал.

Чемоданов изобразил на своем лице нечто вроде улыбки и сказал:

— Ну, и отлично! Только до поры до времени это секрет!

Он протянул руку Федору Андреевичу, и тот вышел из его кабинета сияющий, как праздник.

В коридоре с ним сравнялся Жохов.

— Что это ты такой?

Федор Андреевич не удержался.

— Повезло сегодня, — сказал он радостью, — у нас, оказывается, Горлова переводят; так Чемоданов меня на его место!

— Тебя?! — вспыхнув, воскликнул Жохов, но тотчас сдержался и, дружественно хлопая его по плечу, сказал: — Отлично! Поздравляю! Куда же его переводят?

— В финансовое отделение!

— Это к Сербину? А! Чемоданов уже просил за тебя?

— Нет, собирается.

— А! Собирается. Ну, поздравляю, дружок, поздравляю! Ты не болтай только никому! — тихо прибавил он и подошел к вешалкам.

Федор Андреевич дружески кивнул ему и стал поспешно одеваться.

Был вторник, и он обедал у Чуксановых.

Проезжая мимо кондитерской, он остановился и купил коробку конфет.

Чуксановы жили на Петербургской стороне, в собственном, очень хорошеньком домике.

Все семейство состояло из отца, матери, дочери и сына, и, понятно, для Федора Андреевича вся притягательная сила заключалась в дочери, хорошенькой Нине Степановне, которая два года, как окончила гимназию и ходила от нечего делать на музыкальные курсы.

Сам Чуксанов, Степан Африканович, служивший интендантом в славную турецкую войну, вышел в отставку после кампании и, приобретя недвижимость на Петербургской стороне, облекся в халат и поселился безвыездно в задней комнатке своего домика. Небольшого роста, круглый, как шар, с крошечными, седыми баками на пухлом лице, он казался олицетворением добродушия, а между тем старожилы Петербургской стороны вспоминали былые годы, когда к нему вереницею шли убогие отставные чиновники и вдовы с пенсионными книжками, и говорили, что ни отцы их, ни деды не знавали такого скареда и кровопийцы.

Его жена, Глафира Иларионовна, высокая и сухая, как щепка, всегда в темном платье и крахмальном чепце, с лошадиною физиономией и нежным расслабленным голосом, казалось, весь остаток своей жизни посвятила посту и молитве; а, между тем, соседи единодушно заявляли, что не было и не будет такой сплетницы, как эта Чуксаниха, а прислуга при всяком случае заявляла в мелочной лавочке, что Господь Бог за грехи определил ее на такое каторжное место.

Зато дети их, сын Анатолий, студент-медик 5-го курса, и 20-тилетняя Нина пользовались в околотке уважением.

Федор Андреевич репетировал Анатолия, когда тот был в

шестом классе, и с той поры привязался к семье Чуксановых, главным образом, к Нине, этой красивой девушке с энергичным взглядом карих глаз, с характером несколько резким, но, как казалось Федору Андреевичу, идеально-прекрасным.

В этот, день он, по обыкновению, провел прекрасно у них время. После обеда старики пошли отдохнуть, а он остался вдвоем с Ниной. Нина играла. Свет лампы, прикрытый абажуром, слабо освещал комнату. В комнате было тепло, уютно, и искусная игра Нины погружала ум в сладкую мечтательность. Федор Андреевич не сводил с нее глаз. Она сидела прямо, с устремленным вперед недвижным взглядом, и ее изящный профиль казался драгоценной камеей на темном фоне обоев.

Федор Андреевич слушал музыку, до него доносился мерный звук колоколов, призывавших к вечерне, и сердце его переполнялось нежностью. Ему хотелось плакать и молиться, упасть перед Ниной на колена и целовать ее руки, — но в комнату, шаркая туфлями, вошел Степан Африканович, и очарование сразу разрушилось.

Все же, когда, напившись у них чаю, Федор Андреевич направлялся домой, сердце его было полно мыслями о Нине.

IV

Придя домой, он переоделся, сел к столу и торопливо набросал:

> Люблю тебя все жарче и сильней
> За прелесть дум, навеянных тобою,
> За чистоту молитв моих порою
> Все за тебя в безмолвии ночей;
> За те мечты, которые рождались
> В моей душе под взором милых глаз,

15

За слезы те, что часто проливались
Все за тебя в вечерний тихий час...

Он перечел стихотворение и задумался. Перед ним, как живая, стояла Нина, и он любовался ею, стараясь проникнуть в ее душу. "Любит или не любит"? — думал он про нее, и ему казалось, что любит.

С этими мыслями он лег в постель и загасил огонь.

В середине ночи он вдруг проснулся, чувствуя на себе чужой взгляд, и тотчас вспомнил прошлую ночь. Быстро повернувшись на другой бок, он увидел прямо перед собою, на том же стуле, что и вчера, того же старика. Он сидел так же неподвижно, положив бледные руки на колена и устремив перед собою тусклый взор.

Странная вещь! Федор Андреевич на этот раз не испытал решительно никакого страха и чувствовал себя совершенно спокойно, словно пришел к нему самый задушевный приятель и они сидят у стола за стаканом вина.

— Здравствуйте, — приветливо сказал Федор Андреевич. — Ну, сегодня вы, вероятно, расскажете мне свою историю?

Старик чуть заметно кивнул головой и в комнате раздался тихий голос.

— О, ja! Эту ночь мы успеем. Вот. Слюшайте.

Федор Андреевич приподнялся, подбил себе под бок подушку и облокотился на руку, а старик медленным, ровным голосом, без малейшей интонации, начал свой удивительный рассказ, довольно сбивчиво, но все-таки настолько ясно, что сущность его можно было усвоить.

— Это странный дель, — заговорил он, — и ви может не веряйть, но я буду доказывайть вам и дам такой талисман. Да! Ви может себе карьер делайть и будете для всякий особ ошень приятный господин. Да!

— В чем же дело? — перебил его Федор Андреевич.

— Дель? Большой дель! Я биль у мой дядя, Густава Пфейфер, в аптек, и я много ушился, а потом занимался тайной наукой, и у меня била книг. О, какой книг! Я ее шитал и звал Мефистофель, и он мог все делайть: элексир делайть, помад, красок. Все!.. И биль еще аптекарь. Карл Иваныч Шельм. О, настоящий Шельм! Да! И у дяди била Эмма, дочь, фрейлейн Эмма...

В комнате пронесся протяжный вздох.

— Вы любили ее? — спросил Федор Андреевич.

— О, ja! Я давал за нее душу и хотел жениться и дядя даваль с ней аптек и говорил: "Я отдыхать буду!" Только, он говорил, что надо что-нибудь изобретайть такое... и я думаль, много думаль, и говориль Шельм. Он говориль: "Я твой друг!" — и я верил! Я говорил ему про тайный наук, про свой книг, и он говориль: "Фридрих, мужайсь!", и я мужалсь. Да! Я доставал себе слюн сатаны. Да. И делал кристаль!

— Что? — изумился Федор Андреевич.

— Слюн от шорт. Мефистофель! — ровным голосом ответил старик. — Когда на земле бывайть ошень худой шеловек, канайль, и ему удивляйтся даже шорт, он плюет ему в глаза. Тьфу! И тогда тот делайтся gross канайль! Он видяйть все души, как в зеркал, и делайть, чтобы бить приятным. Тот любит лесть, и канайль ему льстит; тот любит, чтобы всех ругайть, и канайль всех ругайть, и тогда нравится и идет. Выше, выше! Генерал! Такие есть. Много! Им шорт в глаза плевал. Тьфу...

— И вы?..

— Вот, — ответил старик, — я читал свой книг и узналь, как можно удивить шорт, и он плевал. Я собирал и делал большой кристаль и потом хотел толочь в ступке и продавайть. И всякий, кто хочет быть канайль и делать карьер, покупайт и видит шеловека насквозь и делайть все, что нравится. Да!.. И я биль рад и бросился на шей Шельм и кричал: "Милый Карл, я достал слюн сатаны, шорт!" И он целовал меня, и ми оба плакал и пили пиво. И я утром хотел идти говорить дяде и брать за собой Эмму и сиял. И пришел Карл и кричал: "Отдай кристаль!", а я спрятал кристаль. И он меня убиль и положил в стен и замазаль. Да!

В комнате опять пронесся вздох.

— И вы в стене? — испуганно спросил Федор Андреевич.

— Ja! В стене! 16 лет! И все на ногах. Я в землю хочу, лечь!

17

Он досталь мой книг и шитал ее и заговорил меня, а потом женился на Эмме и теперь нет Пфейфер, а есть Шельм. Аптек Шельм!

— И он взял кристалл?

Что-то вроде смеха послышалось со стороны старика.

— О, нет! Я догадался и заговаривал. Кристаль лежит, а Шельм его ищет. Он приходить каждый ночь и шарит везде.

— Приходит? Куда?

— Здесь! Он идет, потом — пфа! Делается таракан и ищет! Везде ищет! До полночи ищет, а потом — пфа! Снова Шельм и идет в аптек. 16 лет ищет! Ви мне теперь будьте помогайть, а я вам кристаль дам! Да! Ви будете карьер делайть!..

— Как же я могу помочь вам; я не знаю! — с чувством разочарования сказал Федор Андреевич.

— О, пустяк! Вовси пустяк! Легкий штук!

— Но как?

— Ви будете ловить...

— Я? Аптекаря?!

Федор Андреевич даже приподнялся в постели.

— Ну, ну! Только тогда, как он станет таракан. Пфа — и в коробочка!

Федор Андреевич кивнул.

— И потом что?

— Все! 12 часов, он не Шельм — и заговор нет! Я буду свободный! Кристаль у вас! Все!

— Но, ведь, вы... убитый?.. Мертвец! — с недоумением произнес Федор Андреевич.

— Я? Нет. Дюша нет. Тело...

— А оно куда денется?

— Я уношу его и брошу...

И что-то вроде смеха послышалось в комнате.

За стеной раздался медлительный бой часов.

— Ловите таракан! Ловите! Кристаль ваш! — словно вздох пронеслось в воздухе, и опять вместо старичка образовалось бледное светящееся облако, которое медленно расплылось по комнате.

И едва он скрылся, как Федор Андреевич облегченно

вздохнул, с недоумением обвел комнату взглядом, и все происшедшее показалось ему бредом.

Слюна сатаны, заклятие, два аптекаря, таракан, душа, убирающая тело...

Положим, постоянно толкуют об участии в наших судьбах таинственных сил. Какой-то почтенный иеромонах выпустил в свет книгу, в которой до всеобщего сведения доводит все проделки чертей и обстоятельно описывает все образы, какие они принимают для уловления душ; некий Карышев, постепенно сняв все оболочки с души, обнажил ее совершенно и, шаг за шагом, проследил все ее странствования по иным планетам, описав подробно ее времяпровождение; но все-таки...

И Федор Андреевич заснул с скептической улыбкой на губах.

Но скептицизм его скоро кончился.

Из ночи в ночь старик не давал ему покоя, справляясь об успехе его *ловли*, и каждый раз просиживал на стуле до урочных трех часов, оглашая комнату протяжными вздохами.

Это становилось тяжело, и однажды Федор Андреевич твердо решился приняться за *ловлю*. Укрепил же его в этом решении, главным образом, Яков Фомич Чрезсмыслов, которого он часто встречал на четверговых вечерах у Ивана Антоновича Хрипуна.

Яков Фомич Чрезсмыслов был довольно даровитый архитектор, но занимался не столько архитектурою, сколько спиритизмом. Он был знаком с Бутлеровым, Вагнером, Аксаковым, Прибытковым, находился в переписке с Круксом, Цельнером, присутствовал на сеансах с Юмом, Слэдом, Евсапией Палладино, со всеми медиумами, включительно до Самбора и Яна Гузика, и верил всему, включительно до гомеопатии.

Невысокого роста, полный, с мясистым лицом, на котором росла редкая щетинистая борода, щеки которого отвисали почти до плеч, а маленькие серые глаза прятались под угрюмо нависшими бровями по сторонам красного, изрытого оспою носа, — он походил на того странного духа, вызванного лампою

Аладина, которого можно видеть на картинке в детском издании 1001 ночи.

Федор Андреевич чувствовал к нему всегда невольное почтение и, в виду его близкого знакомства со всем таинственным, решился узнать его мнение относительно всего, происшедшего с ним.

Он улучил минуту, когда Чрезсмыслов, погруженный, быть может, в созерцание душ на планете Юпитере, одиноко сидел в углу хозяйского кабинета, и, подойдя к нему с своею открытой улыбкой, присел на соседнее кресло и заговорил с ним робким голосом ученика, жаждущего поучения от учителя.

— Простите, Яков Фомич; я может быть нарушил течение ваших мыслей, но мне хотелось бы узнать...

Яков Фомич медленно поднял лохматые брови, вяло взглянул на Федора Андреевича и глухо произнес;

— Сделайте одолжение, — после чего опять опустил брови и словно задремал.

— Скажите, пожалуйста, Яков Фомич, возможно ли, действительно, появление человека в его земной оболочке, спустя 16 лет после его смерти, в том же халате и туфлях? — спросил Федор Андреевич и даже слегка нагнулся к Чрезсмыслову в ожидании от него ответа.

— Вполне, — равнодушно ответил Яков Фомич. — К одной вдове являлся покойный муж в домашнем пиджаке. Она помнила, что у пиджака не было двух пуговиц. И что же? Они оказались пришитыми!

Чрезсмыслов поднял брови, в глазах его мелькнуло вроде оживления, и он продолжал:

— К полковнику К. до сих пор является его боевой товарищ, поручик N., убитый под Ловчей. Сначала почти новый сюртук его теперь совершенно истрепался и висит лохмотьями. Одна дама, некая В...

Чрезсмыслов друг за другом рассказал случаи явлений с того света, пока, наконец, Федор Андреевич не решился прервать его вопросом:

— Что их побуждает посещать живых?

Яков Фомич пожал плечами.

20

— Разные причины, — ответил он, — иногда обещанье, иногда тоска по любимым людям, но чаще что-нибудь невыполненное при жизни. Также бродят души непогребенных. Например, один нотариус, почтенный господин С...

Федор Андреевич вздрогнул и не расслышал рассказа, занятый своими мыслями.

Чрезсмыслова он считал авторитетом, и тот безошибочно указал на причину появления старика.

"Значит, есть что-нибудь", — мелькнуло в уме Федора Андревича, а Чрезсмыслов продолжал свои удивительные рассказы вплоть до того момента, пока Хрипун не пригласил их к ужину.

Федор Андреевич сел рядом с Чрезсмысловым и, когда подали десерт, передавая грушу Якову Фомичу, спросил его:

— Скажите, в тех случаях, когда эти привидения указывали на что-нибудь, передавали что-либо, бывали обманы с их стороны, мороченье?..

— Никогда! — резко ответил Чреземыслов. — Капитан корабля Ф. увидел однажды в рубке утонувшего три года назад повара. Он являлся три раза и потом сказал ему...

В это время Иван Антонович склонился между ними и налил им малаги.

Но Федору Андреевичу и не важно было окончание рассказа.

Решение его созрело.

V

Поймать таракана! Это не представляет никакой трудности, если тараканов за печкою и на полках в любой кухне несметные легионы, но поймать из них одного и именно того, который будет указан, — это уже задача.

А ко всему если еще таракан этот обладает умом взрослого

да изворотливого человека? При этой мысли Федор Андреевич совершенно терялся.

Вернувшись от Хрипуна, он лег, думая о поимке таракана, когда над его ухом раздался голос старика: "Лови при выходе!"

Федор Андреевич быстро открыл глаза. За стеной пробило три часа.

Как не пришла самому ему эта простая мысль!

Ведь, только один таракан уходит из квартиры в 12 часов ночи, чтобы за порогом двери обратиться в Карла Шельм и вернуться в свою аптеку!

И Федор Андреевич даже засмеялся от удовольствия.

Каждое впечатление можно было читать на его лице, как в книге; и, когда он пришел на службу, Штрицель первый спросил его:

— Что это вы сияете так, словно в газетах написали о вас хвалебный фельетон!

— Лучше, — засмеялся Федор Андреевич, — но тсс!.. Это пока секрет!

Потом, встретясь в коридоре с Хрюминым, которого считал своим товарищем, он взял его под руку и, смеясь, сказал ему:

— Хотел бы ты, Ваня, получить в дар способность видеть человеческую душу?

Хрюмин хихикнул и махнул рукою.

— Нет, на что мне эта способность!

— Как? — удивился Федор Андреевич. — Ты, встретившись с человеком, сразу узнаешь, что он такое: добрый или злой, умный, глупый, жадный; все мысли его!

Хрюмин засмеялся и завертел головою.

— Чушь, чушь! — сказал он. — И какая мне польза в этом.

Но Федор Андреевич смотрел на это иначе.

— Ах, Ваня! А по-моему это величайший дар. Ты будешь знать все, все... Что иной таит даже от себя, ты узнаешь: заботы, огорчения; то, что мучает иной раз душу человека, — все будет перед тобою, как в зеркале! Когда я получу эту способность...

Тут Хрюмин замахал руками, завертел головою и захихикал.

— Ну, зарапортовался, зарапортовался! Перестань!

Федор Андреевич спохватился и замолчал, но в это время к ним подошел Жохов и с снисходительной улыбкой спросил:

— Чему вы тут смеетесь?

Хрюмин, продолжая смеяться своим жиденьким смехом, махнул рукою:

— Да вот! Федя хвастает, что скоро получит дар видеть насквозь души своих знакомых.

Лицо Жохова вспыхнуло, и он завистливо и недоверчиво посмотрел на Федора Андреевича.

— Правда? Ну, и везет тебе!

Федор Андреевич смутился.

— Я пошутил, — сказал он. — А ведь хорошо бы?

Жохов энергично кивнул.

— Еще как! Что бы сделать можно было, беда! — и он встряхнул головою.

— А что?

Жохов даже удивился.

— Что? Все! — ответил он и с горячностью заговорил. — Ведь тогда бы у меня всякий в руках был! У иного на душе пакостей всяких... я их все знаю. Иной только и думает о своей красоте... я знаю. Подхожу к директору, читаю в его душе и жарю, как по писаному, — все в точку! Каждое слово маслом по сердцу! А ты: что? Да все можно сделать!..

Мысли о таракане не давали Федору Андреевичу даже заниматься как следует. В голове то составлялся план поимки таракана, то мелькали мысли, как он с кристаллом придет к Чуксановым и узнает, любит ли его Нина.

По окончании службы к нему подошел Штрицель,

— Вы пойдете обедать к Пузапу? — спросил он. — Сегодня его рождение. Я хотел вас попросить...

Федор Андреевич вздохнул.

— Не могу! Я сегодня занят, очень занят!

— У него сегодня свидание, — засмеялся Тигров, — от этого он так и сияет!

— Досадно, — сказал Штрицель, — я думал пойти с вами. Как вы находите: можно ему поздравление послать?

— Отчего же! Пошлите!..

По дороге Федора Андреевича нагнал Орехов и начал свою обыкновенную речь:

— Вот сегодня уже под наградные занял. Мясник душит — ему отдай. Дрова вышли. Ох, не женитесь! Каторга. Работник один, а ртов много. Всем подай! Заболеешь — нищета. Доктора говорят: отдохните. Ха-ха-ха! Отдохнем в могиле, так-то...

Он вздохнул так, словно это был его последний вздох, и начал снова:

— Всем говорю: не женитесь! Это хорошо богатым.

Федор Андреевич шел рядом с ним и не слышал его слов, занятый своими мыслями. Поравнявшись с воротами, на которых красовалась доска с надписью: "домашние обеды", он пожал руку Орехову и вошел в кухмистерскую.

В этот день ему было решительно все равно, где бы ни пообедать.

Потом он пошел к себе спать и, выспавшись, снова вышел из дому напиться чаю и приготовить все необходимое для ловли. План уже созрел в его голове.

Он купил кнопок и патоки.

Был уже девятый час, когда он возвращался домой, и вдруг на лестнице, на один марш выше, он увидел того же толстяка, которого видел в первый вечер своего новоселья.

В той же шубе с скверным меновым воротником, в том же котелке на огромной голове, также пыхтя и отдуваясь, этот господин медленно полз вверх по лестнице.

"Он"! — словно молнией сверкнуло в голове Федора Андреевича, и он замедлил шаги и затаил дыхание.

Как и тогда, в первый вечер, толстяк поднялся на третий этаж и почти тотчас на лестнице воцарилась тишина: шаги смолкли, пыхтение пресеклось, и только вверху где-то тихо замяукала кошка.

"Он!" — уже с полной уверенностью сказал Федор Андреевич и, весело улыбаясь, вошел к себе.

Переодевшись, он зажег лампы и принялся за работу. Работа была пустая. Он брал листы бумаги, резал их полосами вершка в два и густо смазывал патокой.

Потом он пошел в переднюю. Здесь работы было больше.

Он разложил полосы у самого порога на полу и прикрепил их кнопками; с помощью тех же кнопок укрепил такие же полосы по стенам около косяков и, наконец, по потолку, над дверью. Словом, окружил дверь со всех четырех сторон сплошным бордюром.

— Пусть перелезет, — усмехнулся он, старательно еще раз размазывая патоку.

Окончив все приготовления, Федор Андреевич ничего уже не мог делать. Он раскрывал книги любимых поэтов и громко начинал декламировать их стихи, но через минуту бросал их и хватался за перо, потом вставал, тревожно ходил по комнате и, наконец, упав на диван, замирал в ожидании, а через несколько мгновений снова бегал по комнате.

Хаос мыслей наполнял его голову. Невозможное казалось возможным, фантастическое становилось реальным. Он представлял себе, как на его глазах Шельм из таракана обращается в толстого немца, и при этом думал: "Куда же он прячет пальто и шляпу?" Он представлял себе волшебный кристалл, так сказать, материализированную слюну сатаны, но тут его мысли останавливались...

Целый мир, новый, неизведанный, открывался перед ним! Что тайны моря заоблачных миров или неведомых стран? Перед ним, Федором Андреевичем, откроются тайны человеческих душ! И в его уме складывались поэмы, повести, романы...

Бегая по комнате, он подошел к столу, взглянул на лежащие на столе часы и вздрогнул: на часах было уже половина первого.

В первый момент у него подкосились от волнения ноги, но он быстро оправился, схватил свечку и выбежал в переднюю.

Громкий крик огласил комнаты, крик торжества. У притолоки направо, аршина полтора от пола, на полосе бумаги, тревожно двигая усами, сидел приставший к патоке таракан. Большой, черный, он беспокойно подымал голову, делал попытки двинуться, но тягучая патока удерживала его, и он только подымал свои длинные усы, словно протягивал с мольбою руки.

— Не уйдешь, приятель! — радостно проговорил Федор Андреевич, осторожно снимая полосу бумаги и неся ее в комнату. Там он положил ее на обеденный стол и прикрыл опрокинутым стаканом. Края стакана врезались в густую патоку, а он для верности еще нажал его ладонью.

— Ну, фон-Шельм, обращайтесь в аптекаря! — громко сказал он, но таракан, ничего не ответив, по прежнему водил по воздуху поднятыми усами.

Федор Андреевич придвинул стул, сел и вперил нетерпеливый взгляд в стакан.

Все оставалось по-прежнему: превращения не совершалось.

Федор Андреевич почувствовал нечто вроде разочарования. Он уже приготовил ряд вопросов Шельму, но превращения никакого не происходило и таракан, видимо, изнемогая, начинал мириться с своею участью.

Федор Андреевич со вздохом обругал себя дураком и пошел в спальню.

Но едва он лег и загасил свечу, как перед ним явился старик. На этот раз он не был мертвенно неподвижен; напротив, он торопливо прошлепал туфлями, почти вбежал в комнату и, не садясь на стул, заговорил.

— О, благодарю! Кристаль ваш! Только еще одно!

— Что еще? — недовольно сказал Федор Андреевич. — Таракана поймал, — самый обыкновенный, черный. Никакого Шельма нет, как и кристалла. Подурачили меня и довольно! Идите!

— О! о! о! — застонал старик и завертелся на месте. — Тогда я пропаль! Время только до трех часов! Я не успей! О, сжалься, молодой шеловек! Пожалста!

— Что еще?

— Меня надо выйнуть, открыйть! Я сам не могу, я отдам кристаль! Пожалста! — его голос звучал томительной мольбою.

Федор Андреевич спустил с постели ноги, всунул их в туфли и сказал:

— Что надо делать?

— О, благодарю вам! — радостно ответил старик. — Идите за мной, здесь, и вскрывайть стен. Раз, два! Скорее!

— Позвольте! Я не кошка, чтобы в темноте шарить, — уже раздраженно ответил Федор Андреевич, — я зажгу свечу!

— О, ja! — сказал старик, тряся головою, запахиваясь в халат и видимо волнуясь, — зажигайт! Я буду вам указать! Пожалста!

Федор Андреевич чиркнул спичку и зажег свечу.

— Кой черт? — выругался он, изумленно оглядываясь. — Я брежу!

В комнате никого не было. Но в тот же миг словно порыв ветра подхватил Федора Андреевича, и он, схватив свечу, быстро встал и торопливо пошел через комнату, переднюю, по коридору, в кухню, поставил там на холодную плиту свечу и остановился опять в недоумении. Но это состояние продолжалось менее мгновения. Его взгляд упал на оставленный у плиты дворником топор; он быстро нагнулся, взял его, твердо подошел к стене и нетерпеливо, энергично стал выламывать из нее кирпичи.

"Бум, бум, бум", — глухо раздавались удары в ночной тишине, и потом с шумом сыпались на пол известка и щебень. Кирпич выпадал за кирпичом, известка сыпалась беспрерывным потоком, пот ручьями лился по лицу Федора Андреевича, а он упорно ломал стену, вывертывая кирпич за кирпичом.

И при колеблющемся пламени свечи, в одном белье, с покрасневшим от усилия лицом, осыпанный известью, он казался безумным, нанося тяжкие удары топором в стену.

Вдруг, под влиянием непонятно мелькнувшей мысли, он отбросил топор в сторону и начал вынимать кирпичи руками. Перед ним открылась ниша, заслоненная широкой доскою. Он рванул доску; она с грохотом упала, и Федор Андреевич увидел старика. Он стоял недвижно, прислоненный к стене. Волосы зашевелились на голове Федора Андреевича он сделал шаг; вперед. Это был не старик, а высохший скелет, державшийся только на позвоночнике, одетый в истлевший халат и покрытые плесенью туфли. От легкого сотрясения скелет дрогнул, желтый череп качнулся, словно кланяясь; позвоночник изогнулся и кости с сухим шелестом попадали друг на друга.

Федор Андреевич отпрянул в сторону, споткнулся, закричал диким голосом и повалился без чувств на пол.

VI

Он очнулся при сиянии солнечного ясного утра. Над ним, склонившись, стояли старший дворник и подручный Иван.

— Жив! — радостно закричал Иван, и Федор Андреевич, слабо улыбнувшись ему в ответ, сделал попытку встать, но ломота во всех костях тотчас заставила его снова опуститься на пол.

— Угорели, видно! — участливо сказал старший дворник, коренастый мужик с черной бородою лопатою. — Ну да, слава Богу, живы остались! Мы думали: помер барин. Иван-то прибег, бледный! Дверь, гыт, отпертая, и барин забит лежит!

— А ен жив! — радостно воскликнул Иван и улыбнулся во весь рот.

— Вероятно, угорел, — слабым голосом ответил Федор Андреевич, — помогите мне, братцы, до постели добраться. А ты, Иван, приготовь мне чаю.

— В нашим удовольствием!

Дворники подхватили его и осторожно повели в спальную. Уходя, он невольно оглянулся на стену. Она была цела, на полу — кроме щепок — не было никакого мусора...

— Ну, вы! Чего налезли? Пошли прочь! — вдруг закричал старший дворник.

С лестницы в переднюю натолкался народ. В самой передней стояли кухарки с мешками для провизии и горничные с корзинками для булок; из-за них выглядывала рыжая голова девчонки; дальше, поднявшись на цыпочках, тянулся мальчишка из лавки с корзинкою на голове, а впереди всех какая-то облезлая собака жадно и старательно слизывала патоку с полосок бумаги у порога.

— Я вас ужо! — пригрозил, проходя мимо, дворник и, оставив Федора Андреевича на попечении Ивана, бросился назад исполнять свою угрозу.

В передней раздались тотчас пронзительный визг лакомки-собаки, глухой ропот любопытных и все покрывающий голос дворника.

— Угорел, черти, говорят вам: угорел! Да ну тя, тетка, поворачивайся! Ах, штоб вас!

Потом голоса смолкли, и дверь с шумом захлопнулась. Иван осторожно, на цыпочках, прошел в кухню, а Федор Андреевич остался лежать с закрытыми глазами.

Что это было? Сон, кошмар, нервный припадок?.. Но он отчетливо помнит и удары, наносимые стене топором, и шум обваливающейся штукатурки и, наконец, страшный остов, на его глазах развалившийся.

А эта ломота в руках? Не есть ли она результат усталости? Он открыл глаза и, взглянув на свои руки, с недоумением качнул головою. На их ладонях ясно обозначались по два пузыря, несомненно натертых топорищем, а вся тыльная сторона правой руки была испещрена мелкими ссадинами от осколков.

Что-то было, но что?..

В это время Иван внес в спальную стакан чая и сахар. Стараясь ступать как можно осторожнее, он шел словно по канату и стакан на блюдце, от его напряженного внимания, дрожал и прыгал с явною опасностью хлопнуться на пол. Но Иван преодолел все трудности, поставил стакан на придвинутый им стул и выпрямился со вздохом облегчения.

— Полегчало? — спросил он участливо, встретив взгляд Федора Андреевича.

— Да, совершенно, — ответил он, — я выпью и засну немного.

— Ну, и слава Богу. А я думал, помер! Ей-Богу... — ухмыляясь во весь рот, сказал Иван и спросил: — больше ничего не потребуется?

— Ничего. Можешь идти; я совсем здоров.

— Ну, и слава Богу, — снова повторил Иван и, поклонившись, осторожно вышел из комнаты.

Федор Андреевич услышал, как стукнула дверь, и стал жадно пить крепкий чай, который видимо возвращал ему силы.

Потом он откинулся на подушку и задремал; легкая дремота обратилась в крепкий сон, и, когда Федор Андреевич проснулся, ясный зимний день клонился к вечеру, сумерки серой пеленою уже окутали все предметы, а дальние углы заволокли совершенною тьмою.

Федор Андреевич зажег свечу, поднялся и прошел в комнату.

"Таракан, — вдруг мелькнуло в его голове, — может, и это сон"?

Он быстро подошел к столу и нагнулся со свечою.

Нет, на столе лежала полоса бумаги, прикрытая стаканом, и под ним находился таракан, но уже без видимых признаков жизни. Он весь лежал в патоке, длинные усы его бессильно вытянулись.

Федор Андреевич брезгливо поморщился, но в эту минуту взор его скользнул по столу и глаза засверкали неподдельной радостью: в открытой коробочке из-под пилюль, в розовой вате лежал ярко-сверкающий кристалл желтоватого цвета, величиною с хороший волоцкий орех.

Федор Андреевич жадно схватил его в руки.

— Спасибо, старик! Не надул, — проговорил он весело и стал рассматривать камень. Он был бледно-желтого цвета, совершенно прозрачный, формы октаэдра. Бледный свет свечи преломлялся в его плоскостях и, дробясь, отражался синим, зеленым и желтым огоньками.

— Спасибо, спасибо, — бормотал Федор Андреевич, продолжая разглядывать странный кристалл; но тут он почувствовал дрожь и вспомнил, что не одет.

Отложив кристалл, он тотчас начал одеваться, в то же время думая: "Однако, как им пользоваться? В глаз такого не засунешь. Вероятно, надо носить в кармане, держать в руке... и что за бестолковый старик!"

Вернувшись из спальной, он снова протянул руку к коробочке, и вдруг увидел под нею аккуратно сложенную бумажку.

Он осторожно развернул ее, жадно впился в нее глазами и тотчас с досадою бросил ее на стол.

— На смех, что ли! — проговорил он, взволнованно вставая со стула.

На клочке бумаги ровным мелким почерком, без малейшего промежутка, подряд, были написаны буквы. "Положионыйввводуикапнитрикаплисолянойкислотысмотривв одупятьминутиполучишьсилунадвенадцатьчасоврастолкионый впорошокипооднойпорошинкенаглаздадутвечнуюсилу".

Может быть, это одно слово?

Федор Андреевич снова сел к столу и взял в руки бумажку.

— Положионыйввводуикап... Не выговоришь!

Он встал, зажег лампу на письменном столе и пересел к нему, взяв в руки карандаш.

"Разделю на слоги", — мелькнуло у него в голове, и он стал карандашом отделять слоги.

Лицо его тотчас озарила улыбка торжества.

Господи, как это просто!

"По-ло-жи-о-ный-вво-ду-и-кап-ни-три-кап-ли-со-ля-ной-кис-ло...ты; смотри в воду пять минут, — стал уже бойко читать Федор Андреевич, — и получишь силу на двенадцать часов. Растолки оный в порошок и по одной порошинке на глаз дадут вечную силу".

Федор Андреевич радостно засмеялся и вскочив, крепко потер руки. Талисман у него в руках, сила в его власти!..

"Завтра же испробую", — решил он с нежностью беря кристалл, но желание испытать его чудодейственную силу было настолько велико, что он тотчас переменил свое решение.

Сегодня же!

Но где?

Он взглянул на часы: было уже половина одиннадцатого. Добрых пять часов он провозился с кристаллом!

В ту же минуту он почувствовал страшный голод, и это ощущение навело его на мысль пойти ужинать к Палкину. Он весело засмеялся. Возможны встречи... да и так народу, как на ярмарке...

Федор Андреевич бережно взял кристалл, уложил его в коробочку и запер в ящик своего стола, потом чуть не бегом пустился в ближайшую аптеку.

Вернувшись с пузырьком соляной кислоты, он аккуратно накапал в стакан воды три капли, положил перед собою часы и, опустив в воду кристалл, устремил на него глаза.

Резкая боль заставила его на мгновение зажмуриться, но он снова мужественно открыл глаза и впился ими в кристалл. Кристалл горел всеми огнями; из него словно вылетали искры и острыми иглами подымались кверху; на поверхности воды образовывались крошечные пузырьки; они лопались, и тогда Федор Андреевич ощущал острую резь в глазах, словно от уколов. Потом все заволоклось как бы туманом, туман сменился нежным фосфорическим светом; затем вдруг выбросился сноп красного пламени.

Федору Андреевичу показалось, что он ослеп.

Он откинулся и долго сидел, прикрыв рукою глаза, которые ныли от боли; но боль, наконец, прошла. Федор Андреевич взглянул на часы: прошло всего 10 минут, которые показались ему добрым часом, и он с радостным чувством сознания таинственной силы встал и начал тщательно одеваться.

Было половина двенадцатого, когда он вышел из дома и, сев в сани, приказал извозчику везти себя к Палкину.

VII

Съезд у Палкина уже начался. К подъезду то и дело, подъезжали и простые извозчики, и лихачи, в подъезд входили военные и статские, старые и молодые, с дамами и без дам и, когда Федор Андреевич вошел в ресторан, из залы неслись стройные звуки румынского оркестра.

По лестнице вверх и вниз шли мужчины и дамы: вверх — степенно, с сознанием возможности усладить себя за деньги; вниз — игриво, с закрасневшимися лицами, блестящими глазами и громкой речью, с сознанием весело проведенного времени.

На верхней площадке амур, стоящий голым в бассейне, с беспечной улыбкой держал в руках бутылку из-под шампанского, из которой с неумолчным журчанием бил фонтан; и тут же рядом, одетый с изяществом заправского франта, с манерами молодого чиновника особых поручений при губернаторе, завитой и напомаженный управляющий ресторана отвешивал самые изысканные поклоны всем входящим и выходящим гостям.

Федор Андреевич вошел в зал, в глубине которого виднелся зимний сад, и на мгновение остановился, ища глазами незанятый столик. Белый зал, украшенный зеркалами, сверкал огнями, лакеи суетливо бегали по залу, скользя и извиваясь между столиками, за которыми, уставленными бутылками и бокалами, приборами, соусниками, кофейниками, сидели мужчины и дамы с веселыми оживленными лицами; в воздухе раздавались возгласы, смех, иногда резкий звонок, призывающий лакея, и все это покрывали плавные звуки румынского оркестра. В белых штанах и расшитых фантастических куртках, они пилили, свистели, дудели, и впереди их со скрипкою стоял сам Матаки, черномазый брюнет с ослепительно-белыми зубами под огромными усищами.

Ресторанная атмосфера охватила Федора Андреевича, и он на время забыл о своем чудесном даре.

Отыскав свободный столик, он подозвал лакея, заказал принести водки с закуской, выбрал по карте блюдо и, откинувшись к спинке стула, стал оглядывать зал.

Он сидел у прохода. За его спиною, за большим столом сидела шумная компания молодых офицеров, слева от него какой-то старец сидел с молодой женщиной и что-то усиленно шептал ей, перегнувшись через стол, а она смеялась, грозила ему ножом от фрукт, и перья на ее громадной шляпе колыхались во все стороны.

Справа сидел господин купеческой складки и угрюмо пил шампанской, заедая его виноградом. Общее веселие видимо угнетало его.

А дальше какие-то евреи, похожие на маклеров, шумели за столом на всю залу, вероятно, запивая выгодную сделку; сидел толстый и красивый господин с очень красивой дамой, а там еще дамы и мужчины всех возрастов и категорий.

Вот, шелестя шелковыми юбками, небрежно глядя по сторонам, прошла высокая, стройная красавица, а за нею с робкой улыбкой проследовал худосочный прыщавый юноша, одетый по последней моде; вот из зимнего сада развязной походкой, с манерами гвардейских корнетов, прошли два студента.

Федор Андреевич вспомнил про свой дар и встрепенулся, но в эту минуту подошел лакей и подал заказанное.

Волчий аппетит проснулся в Федоре Андреевиче и заглушил на время всякие иные, кроме еды, помыслы...

Выпив несколько рюмок водки и плотно поев, он заказал себе кофе с ликером, закурил папиросу и решил воспользоваться своею силой. Но как?

Он рассеянно оглянулся, взгляд его встретился с унылым взглядом соседа купеческой складки, и вдруг в то же мгновенье в его ушах загудел ворчливый голос: "ох, маята, маята, хоть бы пес какой подвернулся, душу отвести. Ишь ты, франты кругом, а развёрта настоящего нету, чтобы треск! Вот бы сюда Фону Лукича захороводить, да Прокла Степановича..."

В то же время Федору Андреевичу показалось, что он видит пьяные красные лица... Вино льется... хор нарумяненных девиц что-то поет, семеня ногами и подпрыгивая... Через их головы летит бутылка. Хрясть! И на пол сыплются осколки разбитого зеркала, певицы испуганно шарахаются в сторону, а пьяные люди с диким хохотом их ловят...

Сосед отвел глаза, и Федор Андреевич словно очнулся. Лицо его озарилось улыбкой.

"Вот оно... чужая душа и чужие мысли! Однако, это

34

интересно, — подумал он, — и прав Жохов: составь я этому дикобразу компанию, страх обрадуется... Однако, — через мгновение подумал он, — и свинья же!.." — и он брезгливо оглянулся на своего соседа, но тот сидел, склонив голову, и угрюмо давил корявым пальцем на скатерти ягоду винограда.

Федор Андреевич оглянулся налево. Женщина в вычурной шляпе взглянула на него, и он тотчас услышал: "Тоска! Хоть бы денег дал, а то так только... мучает... противный, старый. А завтра за Мишу..."

Федор Андреевич увидел бедную комнату и в ней хорошенького мальчика лет двух. Эта самая женщина стоит перед ним на коленях и осыпает его страстными поцелуями. Подле них высокая женщина с сухим жестким лицом...

Женщина отвела глаза, и Федор Андреевич увидел, что она опять с кокетливой улыбкой грозит старику...

Он огляделся. "Пой, пой, подкуем на все четыре ноги!" — послышался музыкальный голос. На него смотрел красивый с наглым лицом еврей из компании напротив через проход.

Вот он отвернулся и с восторженной улыбкой аплодирует почтенному господину, сидящему в их компании.

"Подойти бы и предупредить", — мелькнуло в голове Федора Андреевича, и он опять обвел глазами зал. Шум поднялся в его ушах, в глазах запестрели картины. "Сто рублей пропьет, а пяти взаймы не даст!" — с злобой слышался один голос; "голову бы разбил каналье, а ты льсти!" — слышался другой. "Уломаю или нет?" "Небось, напою до положения риз, все выложишь!" "Ругайся потом, мои деньги: хочу — пропью!" "И хороша, бестия!.." А в глазах мелькали картины...

Больная жена, рядом ребенок; лампадка слабо освещает комнату, и женщина вздрагивает и к чему-то тоскливо прислушивается...

Человек уныло шагает по улице, мороз крепчает, он зябко ежится в своем легком пальто...

На кушетке спит мужчина, другой, с армянским лицом, осторожно запускает руку в его карман.

— Федор Андреевич, а мы к вам! Разрешите! — вдруг услышал он подле себя голос, вздрогнул и очнулся.

Перед ним стоял пожилой брюнет с изрядною плешью, с тщательно расчесанными бакенбардами. Губы его улыбались, темные глаза нагло смотрели через стекла золотого пенсне, кругленькое брюшко лезло вперед, и на нем болталась цепочка с массой брелоков. Это был Гозе, Димитрий Карлович, знаменитый тем, что в год писал по четыре раздирательных пьесы на историческую или уголовную тему для театра-балагана Хрипуна, в котором состоял режиссером. Теперь в фельетонах дешевой газеты он писал пасквильный роман, выводя в нем своих знакомых с их послужными списками, и находился в апогее своей славы.

— "Красавец собою... умен... общее внимание... кхе... должен быть счастлив!" — услышал Федор Андреевич и увидел, как Гозе, поправляя на носу пенсне, самодовольно глядел на него. Федор Андреевич взглянул на его спутника. Он хихикал и потирал руки, склонив вперед свой неуклюжий стан. С короткой шеей, курносый, он походил в профиль на доброго йоркширского поросенка. Это был Воронов. Димитрий Авдеевич. Семинарист, бывший учитель, он считал себя крупным поэтом, а еще более крупным администратором с той поры, как попал в чиновники департамента полиции. Федор Андреевич познакомился с ними обоими у Хрипуна, у которого, как у Палкина, можно было встретить людей всяких профессий.

— Хи-хи-хи! Не откажите, — говорил кланяясь Димитрий Авдеевич, — а то и местечка свободного нет.

— Сделайте милость! — радушно ответил Федор Андреевич, снова садясь на свое место.

Гозе откинулся на спинку стула и, задрав голову кверху, с важным видом стал отдавать приказания почтительно склонившемуся лакею. Воронов сидел, потирая руки и улыбаясь, в то же время искоса поглядывая на Федора Андреевича. Тот взглянул на него и услышал тихий голос: "Тоже стихи пишет... до моих далеко... и служит где-то... кажется, хорошо... буду внимателен... пригодиться всегда может..."

— Ну, будем есть и пить! — оживленно сказал

Гозе, мановением руки отпустив лакея, и сейчас же устремил вспыхнувший взгляд на соседку.

— Невредная! — сказал он, осклабляясь, и Воронов принял тотчас серьезный вид, так как был женат и любил говорить о святости семейного очага, и забасил:

— Нет, ты скажи нам, кого ты теперь станешь изображать в своем романе? Великолепная вещь! Стильная, живая! Вы читали? — обратился он к Федору Андреевичу.

"Ему-то это маслом, дураку, по сердцу", — послышалось Федору Андреевичу.

— Нет, — ответил он.

— Гм! ха-ха-ха! — засмеялся Гозе, — так нравится? — спросил он самодовольно. — А вам я книжку дам, когда весь кончится!

Федор Андреевич кивнул головою, а Воронов, поправляя на носу очки, убежденно сказал:

— Лучшая вещь!

Лакей принес водку, рюмки и стал устанавливать закуски.

— Отлично! — весело сказал Гозе, — выпьем и закусим! Вам угодно?

— Благодарю. Я уже поужинал!

Они жадно принялись за еду, а Федор Андреевич, перебрасываясь с ними легкими фразами, старался уловить их взгляды. Гозе поминутно вскидывал на него свои глаза, и Федор Андреевич слышал только самодовольные мысли о самом себе, о своей красоте, о своей славе, о своем даровании, о зависти и восторге окружающих. И — ничего больше!

Взгляд Воронова поймать было труднее: он избегал смотреть прямо, а если и взглядывал, то всегда при этом поправлял на носу очки. И Федор Андреевич мельком ловил его мысли. Он думал, как бы не попасть в роман Гозе, и измышлял способ запугать его. Думал о своем политическом значении, потом с трусливой беспокойностью о жене, от которой влетит, если она узнает, что он ужинал у Палкина. "Знает ли он, что жена моя генеральша?" — услышал вдруг Федор Андреевич вопрос и уже хотел ответить: "не знаю", но вовремя одумался.

Ему становилось не по себе. Все, что он успел подсмотреть и подслушать в человеческих душах, было так ограничено, пошло, бесцветно...

"Неужели интересы всех этих людей", — подумал он, оглядываясь, — так ничтожны и пусты? Впрочем, это ресторан". И он успокоился, но чувство недовольства не оставляло его.

А Гозе, поев и выпив и тоже спросив ликер и кофе, закурил сигару и, выпячивая грудь, с циничной откровенностью стал рассказывать, как он живет с тремя семьями. Воронов хихикал и кивал головою, а Федор Андреевич, ловя его взгляды, читал, как искренно он завидует Гозе, как злится на его хвастовство и как хочет затмить его своим превосходством, но в то же время боится его, и снова хихикает. Вдруг почти над самым ухом Федора Андреевича, раздался его возглас: "Господи, его превосходительство!" — и в то же мгновенье Воронов встал, согнул надвое свое неуклюжее туловище и, сделав три крадущихся шага, с заискивающей улыбкой подошел к проходившему мимо седенькому старичку, косому на один глаз. Тот торопливо кивнул ему и прошел мимо. Воронов вернулся, на лице его была разлита сладость. Он взглянул на Федора Андреевича и сказал с некоторой торжественностью:

— Его превосходительство, сам начальник, Щеглов! — и Федор Андреевич одновременно услышал: "Отнесся ласково, хи-хи-ли! Ну, чья взяла?"

Гозе был видимо смущен. Он издали почтительно поклонился старичку, но тот его не заметил.

Федору Андреевичу стало противно. Он встал, да уже было и время: румыны ушли, большая люстра погасла.

— Куда вы? — сказал Гозе, — посидели бы! Потом к разъезду в клуб пройдем. Самый разгар.

— Поздно! — ответил Федор Андреевич и, расплатившись, пошел из зала.

Управляющий отвесил ему поклон. Их взгляды встретились.

"Верно, тоже из почетных. Надо запомнить", — услышал Федор Андреевич и весь вспыхнул.

— А для чего вы их запоминаете? — вслух спросил он.

Управляющий вытаращил глаза и откачнулся. Федор Андреевич усмехнулся и быстро пошел с лестницы.

Погода была мягкая, падал легкий снег, и он решил пройти пешком. На душе его было скверно. Действительно, только сатана мог наградить таким пакостным даром! Этот Гозе? Знал он его за славного, неглупого парня, к его романам (очень часто заимствованным) относился так же легко, как и он, но никогда бы не подумал, что он до такой степени пошл, пуст, бессодержателен! Как, должно быть, он бывает зол, когда заденут его куриное тщеславие!.. А этот Воронов?! Да ведь он все время считал его за умного, свободного человека и вдруг... такая мразь! Тьфу!!

VIII

Когда он встал на другое утро, впечатления вечера не изгладились еще из его памяти, и он чувствовал себя не в духе.

"Возобновить способность или нет?" — думал он и то косился на ящик письменного стола, то с досадою от него отворачивался. Куда идти сегодня? Да! Сегодня он обедает у Чуксановых и вечер проводит у Хрипуна. У него сегодня чье-то рождение и что-то вроде бала.

"Возобновлю!" — решил он и с этой мыслью уселся к столу, на который Иван поставил уже кипящий самовар, и взял в руки газету. Взгляд его случайно упал на последнюю страницу, и он вдруг побледнел, и на лбу его выступил холодный пот. В черной рамке, первым в ряду объявлений об умерших, он прочел:

"Вдова и дети с глубоким прискорбием извещают родных и друзей о внезапной кончине Карла Ивановича Шельм, последовавшей в ночь с 6 на 7 января от удушья".

"Убийца! — чуть не вскрикнул Федор Андреевич, отбрасывая газету, и, в волнении вскочив со стула, стал ходить по комнате. — Накрыл стаканом, когда знал, что там человек! Раз вздохнул и готово!.."

"Но я же до последней минуты был убежден, что это таракан! — возразил он тотчас же. — Какой? до этого мгновенья!"

"О, проклятый дар! Он, он, Федор Андреевич мог убить человека? Ха-ха-ха!"

Он остановился посреди комнаты и сжал голову руками.

"Одни сутки — и сколько ужасов!.."

Он бессильно опустился на стул и рассеянно взглянул на газету, взглянул и опять вздрогнул. Тут же, на последней странице, в отделе "Хроника"; он прочел:

"Загадочный случаи. Сегодня утром на набережной Обводного канала, у Забалканского моста, был усмотрен закоченевший труп старика, одетого в ветхий халат и туфли. Тут же случившаяся старуха, Анисья Козырева, прачка по ремеслу, признала в нем одного из своих давнишних клиентов, некоего Фридриха Густавовича Пфейфер, который лет 16 тому назад бесследно исчез из своей квартиры. Полиция деятельно принялась за расследование этого странного происшествия. Полуразложившийся труп предали погребению".

Федор Андреевич сидел, как подавленный, без движения, без мыслей. Чай давно простыл в его стакане. Самовар шумел, пыхтел, потом жалобно пискнул и начал медленно остывать, а он недвижно сидел, и только прерывистое дыханье свидетельствовало об его волнении.

Наконец, он встал, глубоко вздохнул и провел рукою по лицу.

Если все так случилось, значит так было суждено. Все происшедшее столь невероятно, что, очевидно, добрая или злая его воля не могли ни на волос изменить событий.

Эта мысль несколько успокоила его, и он стал неторопливо собираться из дома: сперва на службу, потом обедать к Чуксановым (при этом его сердце сжалось), а вечером к Хрипуну. Федор Андреевич покачал головою: "Какая рассеянная жизнь! Сколько драгоценного времени, потраченного даром! Вечер за вечером!" И он тоскливо оглянулся на свой письменный стол, на котором лежали листки начатой поэмы. Но когда он взглянул на стол, взгляд его упал на ящик с торчащим в замке ключом, и он вспомнил про кристалл.

"Воспользуюсь!" — решил он еще раз, взял стакан, кислоту и приготовил воду.

Полчаса спустя он вышел из дому и медленно направился к министерству, изредка взглядывая на прохожих.

И опять в душе его проснулось недовольство, и он стал жалеть, что воспользовался проклятым даром.

По всему пути, от дома до министерства, он не встретил ни одной "души", то есть ни одного человека с чистой радостью, с искренней тоской, с мыслью о ближнем. Самые пустые интересы волновали всех встречавшихся с ним и на первом месте стояла корысть и какая-то беспощадная ненависть ко всем другим. Встретился студент с ясным, улыбающимся лицом, и оказалось, что он думал о ловкой проделке: он только что послал отцу жалостливое письмо о своей нужде и, уверенный, что отец ему вышлет деньги, рассчитывал, успеет ли он получить их к вечеру у каких-то Сомовых, где будет игра.

И Федору Андреевичу вдруг привиделся земский врач на пункте, у него пятеро детей, живут они в избе, и вот, в крошечной комнатке врач грустно читает и перечитывает письмо сына, этого беспечного юноши...

Встретилась красивая женщина с веселым лицом, которая думала: "Наконец-то я заставила Пьера взять взятку! Он говорит: тяжело. Ничего, привыкнет! Все берут! Теперь я этим Бегишевым покажу"...

Прошел с серьезным, нахмуренным лицом пожилой господин, у которого была одна мысль, похож ли он на действительного статского советника.

Промелькнул озлобленный человек, мысленно назвавший Федора Андреевича скотом за его шинель и цилиндр.

И только последняя встреча рассмешила его. Навстречу шел господин с красивыми баками, в котиковой шапке и меховом пальто. Он выступал как-то особенно важно, куря сигару на морозном воздухе и поднимая кверху нос с золотым пенсне. Федор Андреевич встретился с ним глазами, увидел самодовольное лицо и тотчас услыхал: "А ну-с, Аграфена Петровна, угадайте-с: барин пришел к вам, али евонный лакей. Наше вам-с! Силь ву пле!"

Федор Андреевич невольно рассмеялся и с улыбкой вошел в подъезд министерства.

"У него сорву рублей 15, да у Хрюмина. Жене рублей 5 отдам, а на остальные и кутнем!"

Федор Андреевич оглянулся и, к своему удивлению, увидел подходившего к нему Орехова. Он вздыхал и имел подавленный вид.

И в то же мгновение Федор Андреевич увидел бледную, исхудалую женщину. Вот она роется у себя в комоде, достает связку белья и суетливо одевается в драповую ротонду, пряча под нею остатки имущества. Вот она торопливо идет по улице и останавливается у подъезда с крупною надписью: "Ломбард"...

Федор Андреевич сухо поздоровался с Ореховым и отвернулся, едва тот разинул рот. Несмотря на него, он торопливо разделся и устремился вверх по лестнице. На площадке с ним поздоровался Жохов. "Сегодня узнать должен, — мелькало у него в голове, — догадается, или нет? А впрочем, где ему, дураку, догадаться!"

— Дружище! — сказал он громко. — Ну, как живешь, что пишешь? Я недавно читал твои стишки!

Этими словами он всегда начинал свои беседы с Федором Андреевичем, но на этот раз, в предчувствии какой-то неприятности, Федор Андреевич ограничился только сухой улыбкой и пошел в свое отделение.

Ему опять сделалось тоскливо. Вот, только вошел в министерство, и уже двоих осудил.

Этот Орехов, которого он так всегда жалел, оказывается далеко не несчастным; несчастна его жена...

Этот Жохов, его приятель, что-то замышляет против него.

— А, Федор Андреевич! — у самых дверей приветствовал его Штрицель. — Что с вами вчера было? Отчего на службе не были?

— Нездоровилось, — ответил Федор Андреевич, смотря ему в близорукие глаза.

"Читал или нет?" — услышал он тревожную мысль Штрицеля.

— Читали вчера газету? — спросил он Федора Андреевича.

— Нет, а что?

Лицо Штрицеля просияло: "Убедится теперь, что я писатель!"

— Так. Отзыв о моей книжке, — ответил он небрежно, — я могу прочесть вам. Вот!

И, вынув из кармана сложенную газету, он прочел крошечную заметку об его крошечной книжке стихов. Лицо его сияло. Когда, прерывая чтение, Штрицель взглядывал на Федора Андреевича, он читал его самодовольные мысли: "Завидно, пожалуй... а? Полмильона прочли, что есть писатель Штрицель!.. ишь, улыбается, а у самого кошки скребут!.."

— Завтра схожу в книжный магазин. Вероятно, продажа двинулась, — сказал он, окончив чтение и свертывая газету.

— Я очень рад вашему успеху, — искренно сказал он Штрицелю и вошел в комнату.

Сослуживцы дружески с ним поздоровались. Федор Андреевич взглянул на одного, на другого, на всех по очереди, начиная от старшего помощника делопроизводителя, кончая причисленным канцелярским служителем, и у всех прочел какие-то тревожные, отрывочные мысли: "Что-то будет... как повернет... пожалуй и кубарем... нет, он меня отличал".

И только один Штрицель был весь погружен в самодовольные мысли о своем литературном дебюте.

— Что-то случилось, чего я не знаю? — сказал Федор Андреевич Тигрову. Тот выпучил на него глаза с неподдельным изумлением, и Федор Андреевич прочел: "Считал я тебя всегда дураком, но не таким!"

"Это он-то? Меня!" — вспыхнув, подумал Федор Андреевич, а Тигров продолжал:

— Не знаете? У нас директора сменили! Назначен Гавриловский, — и, понизив голос, шепнул многозначительно: — в высших сферах интриги! У меня знакомый, знаете (он

43

назвал фамилию одного из министров), так я от него слыхал: в высших сферах интриги! — и он с важным видом выпятил вперед накрахмаленную сорочку: "Пронял! — самодовольно подумал он, — небось, тебе к таким людям и на порог не ступить!"

Федор Андреевич опять вспыхнул и мысленно обругал Тигрова.

В этот день для него, как нарочно, открылось назидательное зрелище. По-видимому, все сидели покойно, углубленные в свои бумаги, или мирно беседующие, но стоило им вскинуть глаза на Федора Андреевича, и тот читал их тревожные, мелочные мысли: кого куда переместит новый директор, кого отличит, кого затрет, кого приведет с собою.

Ему становилось противно, словно он сидел в лакейской, и он собрался уже выйти в коридор, когда его позвал к себе в кабинет Чемоданов. Он, не сгибая локтя, подал руку Федору Андреевичу и, пригласив его сесть, скрипучим голосом сказал:

— Я разочарую вас, Федор Андреевич. На вакантное место его превосходительство изволил лично назначить Жохова, и я не мог даже замолвить слона.

"Не стану же я из-за этого франта себе карьеры портить. У того протекции, а этот..." — услышал Федор Андреевич его мысли и торопливо встал.

— Я не так огорчен, Василий Семенович этим. Я, слава Богу, один, и на мой век хватит и теперешнего! — сказал он.

"Врет, но молодец! — подумал Чемоданов. — Напрасно я в угоду Гавриловскому выругал его. Постараюсь загладить. С выдержкой человек!"

— И прекрасно, — проскрипел он, стараясь сделать веселое лицо, — я о вас позабочусь. Еще поработаем вместе!

Федор Андреевич вышел от него с скверным чувством сознания человеческой подлости. Чемоданов ему казался всегда благородным человеком, и он не думал, что в душе, он настолько лакей; Жохов был ему товарищем, и он не ожидал, чтобы тот даже не предупредил его, что перешел ему дорогу. Когда же он проходил через комнату, в мыслях всех своих сослуживцев он прочел какое-то необъяснимое злорадство.

— А, брат Федюха! — приветствовал его Хрюмин, вертя головою. — Что, отшили? Хи-хи-хи!

— Мне-то на это плюнуть, — ответил искренно Федор Андреевич, — но для чего передо мной Жохов ломался? Поздравлял тогда?

— Хи-хи-хи, — завертел головою Хрюмин, — просто скотина он!

Федор Андреевич взглянул на него и вдруг услышал его мысли: "Авось теперь иначе про него подумает да выругает его. А я Жохову скажу. Он в гору идет!"

Федор Андреевич даже вздрогнул. О, мерзость! — хотел он воскликнуть, но Хрюмин в это время, вертя головою, говорил и хихикал:

— Он, каналья, про тебя здесь такие слухи распускает, беда! Что и пьяница ты, и игрок...

— Все вы на одну колодку, — вспыхнув, произнес Федор Андреевич и почти бегом направился в лестнице, не досидев до урочного часа.

Он ехал, закутавшись в шинель, стараясь ни с кем не встречаться взглядами, и душа его кипела от пережитых впечатлений.

Сколько мелочности, грязи и подлости представляют души тех, кого он любил и кому он верил. Полоумный Штрицель со своей манией пролезть в писатели оказывается лучшим из всех. Даже дурак Тигров, которого он всегда отстаивал, считает его дураком. И, правда, дурак! Дурак за эту смешную веру в людей и их добродетели! А впрочем... — и мысли его перенеслись в маленький домик на Петербургской стороне, куда теперь он ехал, чтобы отдохнуть.

Вот и Кривая улица, вот и решетка, отгораживающая палисадник. Федор Андреевич быстро вышел из саней, расплатился с извозчиком прошел между двумя сугробами снега и позвонил у крылечка.

За дверью послышались шаркающие шаги, щелкнул ключ, стукнул крючок, загремела цепь, и Федор Андреевич увидел самого Чумазова, запахивающегося в халат.

— Степан Африканович, зачем это вы бсэ... — начал Федор Андреевич и смолк на полуслове.

"Ишь, словно ворон на падаль! Не пришибись, парень!" — раздалось в его ушах, едва он взглянул в маленькие глазки Чумазова.

— Ничего, ничего, пожалуйте! — тихо говорил тем временем Чумазов, стараясь казаться радушным.

— Нина, Федор Андреевич! — крикнул он и, запахнувшись в халат, пошел из передней, сказав:

— Дверь-то хорошенько заприте!

Федор Андреевич несколько мгновений стоял в нерешимости, думая: не уйти ли, раз он узнал мысли хозяина, но потом, усмехнувшись, встряхнул плечами и быстро разделся.

Не к нему, ведь, идет он! И та же Нина отлично знает, что ему нет дела до их капиталов.

Он вошел в гостиную в одно время с Ниною, и они дружески встретились на середине комнаты.

"Чем-то недоволен. Опять какая-нибудь сентиментальная чушь", — услышал он, взглянув в ее глаза, а следом раздался ее голос:

— Ну, здравствуйте! Что это вы сегодня каким букою? Огорчены чем-нибудь?

Он улыбнулся. Что же, в ее мыслях было участие к нему, хотя в несколько странной форме, — и он ответил:

— Ничего, кроме того, что я упустил повышение по службе и потерял двух приятелей!

— Умерли?

— Нет, я в них разочаровался.

"Так я и думала! Прав Толя: совершенная размазня!"

Федор Андреевич покраснел.

— Ну, это еще небольшая потеря, — весело сказала Нина, — вы знаете: Господи, избави меня от друзей!.. А вот повышение... Скажите, что это было за повышение?

Федору Андреевичу больно было слушать ее слова. В ее розовых губках они казались ему циничны. Раньше они казались ему забавны, и он всегда думал, что она говорит такие слова нарочно, чтобы вызвать его на горячий спор

Он коротко рассказал ей и про обещание Чемоданова, и про перемену директора, и про поведение Жохова, — и все время пристально глядел ей в глаза, читая ее мысли, от которых ему становилось все больней и больней.

"Дурак, прямо дурак, — слышался ему ее насмешливый голос, — ну, что я с ним буду делать? Мама говорит: "переделаешь!" да он всегда таким останется. Рохля какой-то. Ему бы только стишки писать, да восторгаться. У-у! Вот размазня-то!"

— Ну, что же, — сказала она ласково, когда он смолк. — Чемоданов все-таки отличил вас. Времени впереди много!

— Я и не огорчен этим, — ответил он, — мне больно было разочароваться в людях, — и в его голосе послышалась тоска.

"С чего это он?" — встрепенулась Нина и ласково улыбнулась ему.

— У вас еще есть друзья и люди, которые вас любят! — при этом она взглянула на него быстрым лучистым взглядом, и он расслышал: "От этого взгляда сейчас вспыхнет и раскиснет! Знаю!"

Он, действительно, вспыхнул, но не раскис.

В эту минуту в комнату вошла Глафира Иларионовна.

— А! Федор Андреевич! — воскликнула она радостно. — Голубчик мой! Ну, идемте обедать. Толя уже пришел!

Федор Андреевич ласково поцеловал ее руку и поднял голову. Глаза их встретились.

"Что это она ему такого сказала? — услыхал он тревожный голос. — Ишь раскис весь! Дура! Говорю: до свадьбы по шерсти гладь. Наверстать успеешь. Дура!" — и она перевела сердитый взгляд на дочь. Федор Андреевич подметил, как она в ответ матери пожала плечами. Холодный пот выступил у него на лбу.

— Идите, идите! — весело говорила Глафира Иларионовна. — Нина, веди его!

В столовой ему навстречу поднялся Анатолий и дружески встряхнул ему руку.

47

— Каковы буры! — сказал он, но Федор Андреевич успел услыхать: "Ну, сегодня Селиванов совсем растаял. Значит, при Академии остаюсь. Обошел Яшеньку!"

Федор Андреевич ничего не ответил, и Анатолий даже не обратил на это внимания.

Мысли его были заняты какими-то стратегическими соображениями: кого-то смазать, кого-то ульстить, кого-то обойти, куда-то втереться и, наконец, чего-то добиться.

Сам Чумазов с угрюмым видом глядел себе в тарелку, и Федор Андреевич не мог уловить его взгляда, а Чумазова, взглядывая на Федора Андреевича, казалось, громко ему кричала: "Господи, и когда эта канитель вся кончится. Ходит, ходит и все не осмелится. Дурак какой-то! Мой на что хухря, а как тогда храбро! Ну, да и я..." — она приветливо улыбнулась Федору Андреевичу, а тот продолжал слышать: — "непременно надо Нину настроить. Пусть вызовет его. — Взгляни, пожми руку — он и раскис. Ведь, сама говорила, что не упустит!"

А Нина все время занимала его.

Она рассказала ему про свои сегодняшние занятия, описала ссору двух подруг, сказала, что в книжках "Недели" читала его стихи и так увлекалась ими, что будет просить одного музыканта написать музыку.

— Какие же вам больше понравились? — спросил Федор Андреевич, взглядывая на Нину. "Вот еще! — услыхал он, — и вправду вообразил, что я читала его дребедень! Довольно того, что сам читает! Какие же? Ах, да!"

— Лес, — ответила она, — помните: "Лес стоит угрюм и мрачен; не видать тропы знакомой"...

Федор Андреевич молча кивнул головою и покраснел, увидев насмешливый взгляд Анатолия. "Тешутся", — услыхал он, а Нина говорила брату:

— Сегодня Федор Андреевич не в духе. Он разочаровался в своих друзьях.

— Не надо было ими очаровываться, — сухо сказал Анатолий и встал из-за стола.

Федор Андреевич поднялся тоже и торопливо стал

откланиваться. На лицах матери и дочери отразилась неподдельная тревога.

— Куда вы? — воскликнули они в один голос.

— Я вам сыграю новую пьесу.

— А кофе!?

Но он настойчиво отклонил и кофе, и музыку.

— Я на вас буду целую неделю дуться, — сказала Нина.

— Не выдержит! — сладким голосом произнесла Глафира Иларионовна и лукаво взглянула на Федора Андреевича. "Что это словно он взбесился? Никогда таким не бывал!"

— Послезавтра у нас пельмени. Для вас делаю! — сказала она.

Он выбежал от них, словно у него горели подошвы, и, пройдя с добрую версту с шинелью на распашку, едва пришел в себя от всего пережитого.

Вот, кого он любил и кем восхищался!

Проклятый дар!..

Он шел по улице и восстановлял весь день во всех подробностях. Уж не поехать ли домой и залечь спать? Но, собственно, все горькое для него уже кончилось; всего остального он может быть только зрителем. И с этою мыслью он направился домой, чтобы переодеться и поехать к Хрипуну.

IX

Иван Антонович Хрипун был дельцом последней формации. Из дворянской фамилии, умный и энергичный, с своеобразной этикой, по которой люди служили ему только средствами для достижения целей, он в короткое время из помещика среднего достатка обратился в богача, — впрочем, богача по оборотам. Никто не знал его наличных средств, и весьма возможно — умри он внезапно, его семья осталась бы без всяких средств, но теперь у него был мильонный доходный дом на Литейном проспекте, свечной завод, кузница, в одном из имений паровая мельница и, наконец, народный театр, которым он очень гордился и который давал ему немалый доход. Собственно, это был просто балаган, в котором разыгрывались специально заказанные Хрипуном пьесы, где время от времени фигурировал белый генерал, чисто-русский боярин, и всегда вышучивались евреи, поляки изображались крамольниками, а немцы, армяне и финны — исконными врагами русских, — но Хрипун с гордостью заявлял, что он со своим театром является одним из устоев "русских начал", и часто, сидя в своем балагане на галерке, вместе с полупьяной публикой, гоготал от восторга, когда актеры на сцене лупили еврея в длиннополом кафтане.

В то же время, прикрываясь своим патриотизмом, он отлично обрабатывал полуголодных актеров, держа их на грошовом жалованье.

Вообще Хрипун был деловой человек.

Солидные дельцы при его имени поднимали брови и покачивали головами, но всякий из них принимал его бланк и общество охотно посещало его богатые рауты.

Добродушный Федор Андреевич, случайно познакомившись с Хрипуном, был поражен его разносторонней деятельностью и искренно увлекался им, слепо веря всему, что говорил о себе Хрипун.

Когда Федор Андреевич подошел к подъезду дома Хрипуна, у панели уже стояло несколько экипажей, окна бельэтажа ярко светились, и в большой передней два швейцара суетливо помогали раздеваться гостям.

Федор Андреевич сбросил шинель на руки одному из швейцаров и пошел по ярко освещенной лестнице. В небольшой передней, украшенной зеркалами в позолоченных рамах. Хрипун принимал гостей. Невысокого роста, коренастый и плотный, с умным грубоватым лицом, изрезанным мелкими морщинками, с рассеянным взглядом занятого своими мыслями человека, Хрипун улыбался при входе нового лица, шаркал ногой, пожимал ему руку и говорил:

— Милости просим!

Потом выпрямлялся и проделывал то же со следующим.

Федор Андреевич поздоровался с ним, но не смог уловить его взгляда и прошел в комнаты. У порога маленькой гостиной стояла хозяйка, с милым, ласковым лицом, и приветливо здоровалась с каждым. Увидев Федора Андреевича, она улыбнулась ему, как старому знакомому, и протянула ему руку, он успел встретиться с нею глазами. "Господи, какая скука, — услыхал он ее мысли, — и как Иван не поймет, что все это смешно и не нужно".

В комнатах уже толпились гости, в кабинете хозяина и на верху, в конторе, за ломберными столами играли в карты, в зале танцевала молодежь, а лакеи, неслышно скользя между гостями, разносили чай, пунш, крюшоны и конфеты.

Федор Андреевич стал бродить по комнатам, изредка здороваясь с знакомыми, и с жадным любопытством засматривал всем в глаза. В комнатах толкались и мелкие писатели, поставщики пьес для балагана Хрипуна, и артисты, отличенные Хрипуном, и купцы, и два-три генерала, несколько чинов полиции и затем товарищи Хрипуна по думе, между которыми были и доктора, и адвокаты.

— Федор Андреевич! — раздался подле него оклик. Он повернул голову и поздоровался с Гозе. Тот сиял. Фрак свободно лежал на его короткой толстой фигуре, баки небрежно были откинуты, на поднятом носе трепетало золотое пенсне, и Гозе самодовольно улыбался, глядя по сторонам с обворожительной любезностью. "Ну, кто красивее меня? Кто изящнее, кто умнее?" — услышал Федор Андреевич и улыбнулся в ответ этому пустому самодовольству.

— Воронова не видели? — спросил Гозе.

— Нет. Он здесь?

— Здесь! Привез жену и ходит с ней, как дурень с писаной торбой. Семинарист, и вдруг женился на генеральской дочке! Теперь горд как индейский петух. Да вон он стоит!

Федор Андреевич взглянул и в дверях зала увидел Воронова. Согнув шею, выставив вперед свое курносое лицо, он действительно сиял.

— Пишете новую пьесу? — спросил у Гозе подошедший к

нему господин странного вида: жидкий и сухой, как палка, с крошечной лохматой головою, с торчащей бородой, он походил на мочальную швабру, прислоненную к стене, потому что имел обыкновение как-то весь откидываться назад.

"Надо быть посолиднее!" — услышал Федор Андреевич, и затем Гозе сказал:

— Пишу, пишу! Иван Антонович не прожил бы масленой и пасхи без моих пьес. Ха-ха-ха!

— Будет мне ролька?

"Знакомы ли они"? — подумал Гозе и сказал:

— Это Мерзкохарь, даровитый артист.

Федор Андреевич, не без удивления странной фамилии, пожал мокрую руку Мерзкохаря. Тот откинулся еще сильнее, несомненно для придания себе важности и, встряхнув своими мочалами, спросил:

— Изволите писать для нашего театра? Не слыхал вашей фамилии! Может, артист?

— Нет, я пишу, но не пьесы.

— А к нам ходите?

"Видел ли он меня хоть в одной из ролей?" — беспокойно заворочалось у него в голове.

— Он неподражаемо играет становых приставов и сыщиков, — вмешался Гозе и отошел.

Мерзкохарь закачался, как гибкий прут.

— Вам нравится? — спросил он Гозе, но тот уже отошел в сторону, и Мерзкохарь обратился к Федору Андреевичу: — У меня, правда, отлично выходят сцены с чухнами и жидами. Когда я их ловлю и начинаю бить, или выслеживаю, Иван Антонович всегда очень хвалят!

"Похвали и ты!"

Федор Андреевич только кивнул головою, всматриваясь в серые глазки этой хари, а тот думал: "Дуралей какой-то! Верно, втирается к Хрипуну. Ну, да я отшибу тебя. Подожди! Не сегодня-завтра меня режиссером сделает, я и Гозе тогда — фью! Однако, черт возьми, не нырнуть ли в буфет?"

— А Слонов! — извиваясь станом, окликнул он лохматого человека и пошел с ним из комнаты. Федор Андреевич оглянулся. Два господина говорили об африканской войне с видимым жаром. Взгляд одного упал на Федора Андреевича, и он явственно услышал: "Провалился бы ты с бурами! Говорил бы сразу, за сколько меня покупаешь, а то буры!"

Федор Андреевич брезгливо отвернулся и прошел дальше. Четверо играли за одним столом в винт. Он постарался встретить их взгляды, и все они, оказывается, презирали друг друга и считали мошенниками. Федору Андреевичу стало противно, и вдруг он увидел несущегося по комнате хозяина. Его взгляд скользил по гостям. Он подходил то к одному, то к другому, брал его за талию, потом оставлял и шел дальше. Взгляд его встретился с глазами Федора Андреевича.

"Ну, этот мне пока не нужен! ДА и вообще!" И он прошел мимо Федора Андреевича, смотря пристально впереди себя, и вдруг набросился на одного господина и пошел с ним назад.

— Я вас с женой познакомлю и потом вам партийку устрою! — нежно говорил он и случайно взглянул на Федора Андреевича. "Не уйдешь ты от меня теперь", — услышал он.

"Деловой человек!" — с усмешкой подумал Федор Андреевич, а Хрипун опять шел назад, ведя под руку Воронова. Тот согнул свою неуклюжую фигуру и счастливо улыбался.

"Все же полиция. Обласкать надо; всегда пакость устроить может", — думал Хрипун, идя с Вороновым, а Воронов с гордостью думал: "Вот что значит жена из высшего общества!"

Федор Андреевич торопливо отвернулся, и ему стало противно. В это время глаза его встретились с глазами управляющего Хрипуна. Гладко выбритое, умное и хитрое лицо управляющего, насмешливо улыбалось. Федор Андреевич услыхал: "Дурачье! Их корми только! А узнай они наши дела... что этот так глаза пучит?.."

— Мое почтение! — сказал он Федору Андреевичу, подавая ему мягкую, как вата, руку.

Федор Андреевич поздоровался с ним и пошел дальше. Он миновал несколько комнат и очутился в маленькой гостиной, освещенной голубым фонарем.

Здесь не было никого. Смешанный гул толпы и музыка доносились смутным шумом.

Федор Андреевич устало опустился в глубокое кресло и тяжело вздохнул. Чувства омерзения и ужаса сменялись в его душе. Вот люди, которых он и уважал, и любил! жалкие себялюбцы, глупцы, негодяи, лицемеры! Ни одной возвышенной мысли, ни одного чистого чувства!.. Правы все, считавшие его чуть не дураком!..

Он машинально взял в руки чей-то портрет со стола. За стеклом рамки смотрело на него красивое женское лицо; в то же время в стекле, на темном фоне отразилась его физиономия; он взглянул себе в глаза и в ту же минуту услышал самодовольный голос: "Что ни говори, а я лучше всех! И умнее, и чище..."

Краска кинулась ему в лицо, и он с негодованием отложил в сторону портрет. Вот и он со своей душою!

— Что вы уединились тут? — раздался над ним голос. — Одни и скучаете?

Он торопливо встал и увидел перед собою радушное лицо хозяйки.

— Я зашел сюда отдохнуть, — ответил он, смотря ей в глаза, но таинственного голоса не раздалось: сила талисмана окончилась...

— Может быть, вы кого-нибудь ждете! — с лукавой улыбкой сказала хозяйка и, погрозив пальцем, вышла.

Федору Андреевичу стало невыносимо тяжко. После всего пережитого за день он уже не чувствовал себя в силах оставаться здесь долее и решил уехать.

По дороге он думал, что испортил навеки свою жизнь, что теперь он уже не будет в состоянии, как прежде, смотреть открыто людям в глаза и доверчиво относиться к их речам. Что теперь он не поверит... даже себе.

Он вошел в свою квартиру, оглянулся кругом и все показалось ему так уныло, так пасмурно. И в нем самом совершилась перемена.

Чувство сперва ужаса, потом омерзения сменилось тихою грустью. Собственно, он вкусил от дерева познания добра и зла...

Но как же он раньше жил? *Дураком, наивнейшим дураком! Размазнею!..*

И все-таки: проклятый дар этого прок... этого старичишки!..

Хорошо еще, что он не наградил себя этою способностью навсегда. Он бы повесился с отчаянья... Нет, лучше оставаться размазнею... если теперь это возможно... Во всяком случае...

Он решительно поднялся, открыл ящик стола, вынул из него кристалл и прошел с ним в кухню. Там, разложив на плите газетный лист, он схватил топор и обухом его растолок в пыль этот проклятый камень, это сатанинское прозрение.

Потом вернулся в комнаты и с омерзением торопливо выбросил порошок за форточку. Порошок рассыпался мелкою пылью, и Федор Андреевич вздохнул с облегчением...

* * *

В это время под окошком проходили молодые люди, только что вступающие в жизнь. Они возвращались с товарищеской пирушки и продолжали с жаром говорить об идеалах, о торжестве правды, о готовности пострадать за нее; давали жаркие обеты всю жизнь посвятить добру и служению ближнему, — и вдруг приостановились, при свете фонаря взглянули в глаза друг другу и... громко расхохотались.

ВЧЕРАШНЯЯ БЫЛЬ

I

Глеб Степанович Кротов был уже десятый год тюремным врачом в одном из южных городов России.

Раньше судьба мотала его из конца в конец по всей Руси, из земства в земство, пока не усадила плотно на покойное место тюремного врача.

И Кротов и жена его были рады успокоиться после пережитых мытарств. К тому же у них уже подрастали дети, Петя и Маня, эти цепкие якори, устанавливающие бег самого быстрого судна. И они сели и были счастливы. Его любили и в тюрьме и в городе. Служба давала ему обеспечение, частная практика — некоторый избыток.

Дети выросли и учились. Жена пополнела и обратилась в "даму". Они приобрели небольшой особняк с садом, имели экипаж и двух лошадей; квартира их, большая, уютная, — была обставлена с скромным комфортом.

Жили они почти замкнуто. Он проводил утро в тюрьме, потом выезжал на практику, а по вечерам, большею частью, сидел дома.

Жена бесшумно, неустанно хлопотала по хозяйству, копя и приумножая; дети учились, — и вся семья собиралась за вечерним чаем вокруг стола в теплой и светлой столовой.

Почти каждый вечер приходил к ним, обратившийся в близкого знакомого, Пухлов, учитель местной гимназии, и они в мирной беседе, а потом за шахматами оканчивали свой день.

Дети уходили по своим комнатам; сама — вязала или шила, молча думая свои хозяйские думы. Пухлов и Кротов также молча сидели перед шахматной доскою, и в тишине слышен был только монотонный, четкий бой часов, тяжелое сопенье Пухлова, да изредка возглас: "шах!" или стук энергично переставленной фигуры.

В 12 часов Пухлов уходил, а Кротовы начинали укладываться.

Так катилась их жизнь, словно струя сонного ручейка, когда грянула несчастливая война с Японией, а за нею вихрем понеслись кровавые дни нашего смутного времени.

Хлынул буйный поток возмущенных страстей долго кипевшего, скопленного веками негодования; встретился с мутным потоком смятения и злобы перепуганных, потрясенных устоев и закрутился в бешеном водовороте. Светлая заря ярко вспыхнувших надежд окрасилась кровавым отблеском пожаров; радостные крики, приветствовавшие свободу, смешались со стонами, выстрелами и проклятиями...

II

Кротов стал в стороне от этого кипения страстей.

Тюрьма переполнилась; в госпитале появились раненые; работа увеличилась — и он весь отдался своему делу, находя в сознании честного исполнения своего долга полное успокоение и не думая ни о чем, кроме своих больных.

Дома он с одинаково снисходительной улыбкой слушал и рассказы своих детей, которые, взволнованные, потрясенные, возвращались с митингов, и желчные речи озлобленного Пухлова.

Сама Кротова в первое время заразилась общим восторгом, но после того, как с одного митинга она, задыхаясь набегу, едва спаслась от казацкой нагайки, — восторг ее охладел сразу, и она, предоставив детям свободу, мирно вернулась к своему хозяйству.

Пухлов же совсем обезумел. Добродушно-шутливый, невозмутимо спокойный, он вдруг словно осатанел.

Двадцать лет из года в год он преподавал по казенному образцу историю и в мужской и женской гимназиях; среди учеников и учениц считал себя незыблемым авторитетом, среди товарищей чувствовал себя старшим и уважаемым; с начальством был почти в приятельских отношениях. Наконец, женившись и овдовев, он оказался собственником хорошего дома на бойкой, торговой улице; имел чин, средства, положение...

И вдруг, этот кровавый призрак революции, эти митинги, хождение по улицам с красными флагами, пение марсельезы, свободное ношение оружия... Авторитет его в гимназии рассыпался, как песочный каравай, и ученики 7-го класса заявили ему, что не желают больше слушать скучные и недобросовестные рассказы...

В первое время ему показалось, что все рушится: жалованье прекратят, дом отнимут, а его выгонят на улицу, заушая и оглушая криками и свистом.

И во время всеобщей забастовки он замер в крошечном кабинете своей тесной квартиры, закрыв ставнями окна, заперев на замки и засовы двери.

Но за дни пережитого им страха и унижения он скопил такой запас ненависти, что потом терял всякое самообладание в столкновении с каждым, сколько-нибудь прикосновенным к красным флагам и митингам.

В первый же вечер после военной расправы в городе, он пришел к Кротовым, уже торжествующий в предчувствии победы, и заговорил хриплым голосом, сопя и задыхаясь от волнения:

— Всыпали? Успокоились? Небось, как появились казак с нагайкою, да сотня солдат, куда и пыл девался! хи, хи, хи! Только пятки засверкали. Бунтари! Вешать их всех! Вон, у Семенова на фабрике все машины поломали. Кто заплатит? А?

— За них рабочие уже давно заплатили, — с горячностью ответил Петя.

— То есть, как это? — таращя круглые глаза, спросил Пухлов.

— А так, что этот Семенов с них по две шкуры драл. И штрафы и потребительная лавочка, и от себя еще кассу ссуд держал. Два имения уже купить успел. За восемь лет! — ответила за брата Маня.

— Понятно, было бы лучше, если б он им все награбленное

58

вернул. Они бы и машин не ломали. Только жди этого! — добавил Петя.

Пухлов откинулся к спинке стула и, приоткрыв рот, изумленно переводил глаза то на вспыхнувшие лица детей, то на Кротова, то на жену его.

— Горячая кровь! Чувствует неправду, — примирительно сказал Кротов.

— Что Семенов негодяй это всем известно, — ответила на вопросительный взгляд жена Кротова и засмеялась.

— Ну, чего вы глаза вытаращили? Давайте стакан, еще налью!

— Удивительно даже, — колко воскликнула Маня, — да вы совсем черносотенец! Казаки "всыпали", "вешать", "мерзавцы". Фи!

Пухлов даже затрясся.

— Черносотенец! — прохрипел он, хлопая себя по груди, — горжусь! За устои, за порядок! Да-с! Вы — девочка и не вам рассуждать об этом! Да-с!

В этот вечер он не играл в шахматы, а когда дети ушли к себе, он с укором сказал, обращаясь к обоим Кротовым:

— И у вас в доме такие речи. И вы допускаете. Смотрите, это очень нешуточное дело! Сейчас свобода и прочая, а там — и не похвалят! Да! И потом вы сами... один из принадлежащих, так сказать, к тюремной администрации. Так сказать, правительственный орган. Человек с положением, и вдруг!.. Удивляюсь!

Кротов смущенно улыбнулся.

Он не желал никакой политики. Насилия, от кого бы они ни исходили, ему противны. Он от всего сторонился и честно делал свое дело.

Пухлов сделал перерыв, но потом опять стал ходить к Кротовым, и за вечерним чаем с жаром кричал и спорил с Петей и Маней.

Это стало его потребностью.

Он торжествовал, принося им вести о новых и новых расправах и укрощениях, а они в свою очередь оповещали его о каждом террористическом акте.

Когда весь город был возмущен расправами полицеймейстера с рабочими Семеновского завода, Пухлов весело говорил:

— Василь Васильч свое дело знает! Он им покажет, как машины ломать!

А когда этого полицеймейстера убили, Петя сказал Пухлову:

— Одного не знал ваш Василь Васильч: к чему это привести может!..

Прокатилось бурным потоком время первых выборов и упорная борьба до 9 июля 1906 года. Слабой вспышкой вспыхнуло недолгое время второго думского созыва, и потекли дни тяжелой реакции, называемой "успокоением страны".

Петя и Маня глубоко спрятали в себе горечь чего-то несбывшегося, светлого, а Пухлов совершенно успокоился и только изредка прорывался торжествующими возгласами и фразами:

— О "товарищах", небось, теперь и разговоров нет. Только кадюки еще и шипят... И манифест сведем на нет! Будьте покойны-с! Да-с!..

И Петя с Маней молчали, только лица их заливал румянец и вспыхивали глаза.

Сам Кротов по-прежнему со своей добросовестностью исполнял свое дело в тюрьме, ездил по визитам на частную практику, и все, пережитое страною, пронеслось мимо него, как бурные волны мимо прибрежной ивы.

Правительственная машина работала с неослабной энергией и автоматической аккуратностью. В переполненных тюрьмах бывшие следственные обращались в отбывающих наказание. В далекую Сибирь, в центральные тюрьмы со всех концов потянулись этапы ссыльных и каторжных и с педантичным сухим постоянством страна оповещалась о произнесенных или приведенных в исполнение приговорах к смертной казни, которые медленно обходили все города.

Обыватель уже успел привыкнуть к этому и, равнодушно просмотрев телеграммы, останавливался на веселом фельетоне или театральной рецензии.

Даже Пухлову надоело с злой усмешкой сообщать Пете и Мане число казней, отмеченных за день.

И все, видимо, входило в свое русло, как река, после весеннего разлива.

III

Кротов посетил двух трудно больных пациентов и проехал в тюрьму.

Сторож заглянул в форточку и открыл ему узкую калитку тюремных ворот. Кротов перешел небольшой передний двор, вошел в помещение тюрьмы и снял шубу.

В большой светлой и теплой комнате, в которой в приемные дни дежурный тюремный офицер принимал деньги и заявления, обыкновенно собирались чины тюремной администрации. В ней стояли широкий диван, мягкие кресла, имелось зеркало; служащие завели шашки, и в свободные часы пили здесь чай, курили и обменивались новостями.

В этой же комнате находился и стол Кротова, за которым он составлял свои отчеты, писал требования, свидетельства и вел необходимую переписку.

Когда он вошел, в комнате за столом сидел дежурный, полный, пухлый и белый с бледными глазами офицер, Прокрутов, а в другом конце комнаты один из помощников начальника, Виноградов, играл в шашки с заведующим деньгами заключенных, чиновником Свирбеевым.

Виноградов был удивительно похож на одного из тех гусаров, которых кустари Троицко-Сергиевского посада вырезают из дерева; а Свирбеев с вихляющимся тонким станом, с растянутым до ушей ртом, походил на червя, поставленного на хвост.

— А! — воскликнули все дружелюбно, — Глеб Степанович!

— Здравствуйте! — поздоровался с ними Кротов, сел к

своему столу и потребовал чаю. В комнату вошел с озабоченным лицом начальник.

— А, Глеб Степанович! Здравствуйте, батенька!

Они поздоровались.

— А у меня к вам дело.

— Какое?

— Вот, в ночь привезли к нам двух соколов, Макарова и Холину. Хлопот теперь с ними!.. Так Холина эта, батенька, к вам записалась. И если что — в лазарет проситься станет, ни-ни! — начальник завертел головой. — Вы, батенька, человек мягкий, я знаю: Сейчас! А я не могу. Не разрешаю! Прописывайте хоть пилюли в золоте, а этого, батенька, не могу! Вот! Так не забудьте: Холина, а я побегу, — и, пожав руку Кротову, он вышел из комнаты.

— Что за Холина? — спросил Кротов.

— Как, вы не знаете? — удивился дежурный и поправился, — да, ясное дело, не знаете! Их в ночь доставили.

— Помните, — сказал Виноградов, — нашего полицеймейстера убили? Еще он Семеновских рабочих укрощал.

Кротов кивнул.

Дежурный перебил Виноградова.

— Их тогда четверо было. Двое рабочих у нас давно сидят, а этих — Макарова и Холину — в Москве арестовали по другим делам. Там их судили, а теперь к нам. 14-го суд будет. Их военным.

— А сегодня третье?

— Чего ж медлить-то? — усмехнулся Виноградов. — Дело ясное, как апельсин. Каюк им!

— Как это — каюк?

— Маль-маля каторга, а то и повесят!

— Повесят, будьте покойны, повесят, Анисим Петрович, — сказал Свирбеев, — ради уж одного примера, потому что у нас еще не было казни.

— А по мне, пусть! — отозвался Виноградов и закурил папиросу,

Прокрутов вышел из-за стола и, потягиваясь, сказал:

— Девочка, я вам скажу, преаппетитная: молоденькая и — ой, бойкая, с курсов! А Макаров — черт его знает что, удивительно даже, кандидат университета, да еще доктор на придачу. И вот — подите! Черт понес на дырявый мост. Не понимаю, дураки какие-то!..

— Помешательство, — заметил Свирбеев, передергивая плечами, — все Рибопьерами быть хотят!

— Робеспьерами, дурья голова, — поправил Виноградов, — Рибопьер

конюшни держит!

— Но, ведь, у нас не было смертных казней! — произнес Кротов.

— В том-то и штука, а теперь мы, как все, будем, — отозвался Свирбеев и сказал Виноградову:

— Ну, сыграем, что ли, еще одну!

— Одну можно! А там и идти надо. Расставляй и ходи.

— На четверть — этак, четверть — так? Хи, хи, хи!

— Ну, ну, ходи!

Они стали играть. Прокрутов подошел к ним, утомленно зевая.

Кротов взял тетрадку со своими пометками и вышел.

После всего слышанного ему стало как-то не по себе, что-то гнетущее, угрюмое чувствовалось ему и в воздухе, и в лицах, и в словах.

Фельдшер Салазкин, брюнет с глазами на выкате и лихо закрученными усами, в сером пиджаке и цветном галстуке, встретил его в госпитале с фамильярной почтительностью, и они прошли по мужскому и женскому отделению, заглянули в одиночные и вернулись в аптеку.

— А амбулаторных много?

— Не так что бы, Глеб Степанович, — ответил фельдшер, — уголовных четыре, политиков три; на женском девять, — и прибавил: — новенькая одна. В ночь привели. Сказывают — казнить...

— Глупости говорите, Салазкин, — резко остановил его Кротов, — ну, пойдемте!

IV

Амбулатории находились в самой тюрьме, на женской и мужской половинах. Для них были освобождены камеры. В них стояли — небольшой ящик с самыми обычными медикаментами, стол и два стула. На один садился доктор, на другой фельдшер и прием начинался. Больные выстраивались в коридоре по стенке и, друг за другом, входили к доктору.

Кротов вошел в тюрьму. Тюремные сторожа отпирали перед ним дверь, закрывая ее тотчас по его проходе, затем открывали также следующую и следующую, пока он не вошел в широкий коридор тюрьмы, по стенам которого через каждые четыре шага чернели узкие, безмолвные, глухие двери.

Кротов вошел в свою каморку и сказал фельдшеру:

— Вызывайте по очереди.

Фельдшер стал вызывать больных. Они приняли всех на мужском отделении и перешли на женское.

— Холина, — сказал Кротов, читая заготовленный бланк.

— Это та самая, — шепнул фельдшер и громко окликнул:

— Холина!

В камеру вошла, зябко кутаясь в платок, среднего роста девушка, с развитыми формами женщины и с открытым чистым лицом девочки. Большие серые глаза ее смотрели прямо, маленький рот был полуоткрыт, темные волосы, зачесанные в косу, выбились и вились над широким лбом.

Кротов с невольным участием взглянул на нее.

— Спать не могу, — сказала она тихо, — совсем не могу! В дороге устала. Думала, засну и — нет!

Кротов пристальнее взглянул на нее и увидел бледное лицо и черные круги под глазами. Сердце его тоскливо сжалось.

— Опиум? — спросил фельдшер, готовясь писать.

— Хлоралгидрат, — сказал Кротов и улыбнулся девушке:

— На ночь примите и заснете.

Она слабо улыбнулась ему в ответ и от этой улыбки еще светлее и яснее стало ее лицо.

Прием кончился. Кротов вышел и в коридоре встретился с начальником.

— Ну, что, батенька, — спросил тот, — видели, просилась?

— Ничего подобного, просто бессонница!

Начальник мотнул головой и проговорил;

— Будет бессонница, коли петля ждет.

Кротов болезненно сморщил лоб.

— Не может этого быть!

Начальник развел руками.

— Я, батенька, столько же, сколько вы, знаю. Говорят. А теперь, — тихо сказал он, — что теперь жизнь? — копейка! Дешевле копейки, батенька, вот!

— Куда вы поместили ее?

— Поместил хорошо. В нижний этаж поместил. Вы не беспокойтесь, батенька, там тепло, а мне спокойнее. Клюшеву на время туда перевел. Она зоркая. Хлопот мне с ними! — и он, пожав Кротову руку, суетливо пошел по коридору.

V

Кротов спал после обеда, когда сквозь сон почувствовал, что его кто-то тихо толкает в плечо, и услышал голос дочери:

— Папа, — говорила она громким шепотом, — тебя какой-то господин спрашивает.

— А! Сейчас... хорошо... — пробормотал он спросонок.

В ту же минуту почти над его ухом раздался добродушно веселый голос:

— А, он тут сибаритствует! Не беспокойтесь, я его разбужу сам!.. Глеб, возри, если ты не слеп!..

Что-то знакомое, полузабытое послышалось Кротову в этой фразе.

Он быстро сел на диван и, еще не проснувшись, стал всматриваться в своего гостя.

Маня зажигала на столе лампу. Посреди комнаты стоял

невысокого роста худощавый блондин в мягкой рубашке и пиджаке.

Небольшая бородка и жидкие усы слабо скрывали острые черты лица, и Кротов сразу узнал тонкий нос, высокий лоб и насмешливо улыбающиеся губы.

— Виктор! — воскликнул он и, встав с дивана, порывисто обнял гостя.

Гость поцеловался с Кротовым и, обернувшись к Мане, сказал:

— Иногда и мужчины целуются. Мы, видите ли, с вашим отцом старинные товарищи.

— Да, да, по гимназии еще, — подтвердил Кротов.

Маня сделала реверанс и убежала сообщить новость матери и брату.

Кротов держал за руку своего гостя и, любовно вглядываясь в его лицо, говорил:

— Совсем тот же. И не изменился. Вот усы да борода только. Я бы тебя сразу узнал.

Тот засмеялся:

— За то тебя узнать трудно! Почтенное пузо, почтенная лысина...

А затем понизил голос и сказал:

— Прежде всего надо объясниться с тобою. Во-первых, я теперь не Виктор и не Томанов, а Алексей Викторович Суров. Понимаешь? Бывший земский врач Гдовского уезда...

Кротов вопросительно взглянул на него.

— Не понял? Попросту, я нелегальный. Меня ищут и если найдут — возьмут. Не Сурова, — усмехнулся он: — Суров чист, как любой октябрист. У Сурова настоящий паспорт. Но ищут Томанова, Мухина, Ложкина. Мне надо прожить здесь недели две. Теперь скажи прямо: можно мне остановиться у тебя или нельзя? Я узнал, что ты на на службе по полиции или в тюрьме, — и все-таки пришел к тебе открыто. Говори и ты прямо!..

Кротов тотчас с горячностью ответил:

— Это пустое одолжение. Мой дом — твой дом. Спать здесь будешь, — указал он на диван, с которого встал, и прибавил:

— А служу я не в полиции, а при тюрьме и в качестве врача.

— Обиделся, — усмехнулся Суров, — я, ведь, это без упрека. Жизнь расшвыривает людей.

— Нет, я так это... чтобы ты узнал. Теперь можешь весь багаж перевозить сюда.

— Багаж? Со мной все! Чемоданишко в передней бросил... Ну, отлично, — он сел на диван и достал из коробочки папиросу, — теперь, значит, и закурить можно. Чаем напоишь?

— Кури! — нежно сказал ему Кротов, подавая зажженную спичку. — Чай, вероятно, через полчаса будет: уж и рад я тебя видеть! Шутка ли, почти четверть века! Да! Мне было 20, теперь — 43; 23 года! Эх, как время-то идет. А ты почти не изменился. Так же худ, та же улыбка. Только вот морщина от носа. А у меня вон, видишь? — и Кротов нагнулся и хлопнул себя по макушке.

Суров съежился и прижался в самый угол дивана, видимо наслаждаясь и отдыхом, и теплом, и куреньем.

— Побелели, поредели кудри, часть главы моей, — ответил он, — зубы в деснах ослабели и все прочее... Одно слово: время. Но для тебя оно прошло, кажется, не совсем бесследно. Отец семейства, обстановка... Свой дом. Может, и генерал? Ну, рассказывай, как достиг?

Кротов не без самодовольства улыбнулся.

— Бога гневить нечего, генеральства мне не надо, а устроился. Меня любят, знают, есть практика. Десять лет, ведь, тут! — Кротов замолчал, потом вздохнул и прибавил: — Я до этого времени много пережил, Виктор!..

— Зови меня Алексеем.

— Да, Алексей, запомнить надо...

— Постарайся. Алексей Викторович Суров.

— Алексей, Алексей... Хорошо! Да, много пережил я за это время.

И Кротов начал рассказывать пережитое, вспоминая про все свои мытарства. Как он женился на четвертом курсе и ему пришлось и семью держать и учиться. Потом земская служба, где надо было ладить и с предводителем, и с председателем, и с

67

исправником, и со старшим врачом, а если тот жил с акушеркою, то и с нею!..

— Да! А по молодости не мог. И мотался с конца в конец по государству Российскому. Двух детей на эпидемиях потерял — одного дифтеритом, другого скарлатиной. Да! Наконец, попал сюда в земство; у предводителя дворянства, князя Томилина, жену вылечил, и вот тут врачом пристроился. Так-то, — окончил он, — теперь живу оседло. Дело делаю и доволен...

— Доволен... — вполголоса повторил за ним Суров. Кротов встал и взволнованно подошел к дивану. Абажур лампы скрывал в густой тени плечи и голову Сурова, и Кротов заговорил, обращаясь к светящемуся кончику его папиросы.

— Вот ты с усмешкой сказал про мою службу: не то в полиции, не то в тюрьме...

— Я не знал, что ты врач...

— Все равно! Пусть не врач! Разве я не могу везде служить честно, внося в свое дело человеческие отношения, помогая — по мере сил — слабому, облегчая участь страдающего? Да еще где? В тюрьме? Где так дорого всякое внимание, всякая ласка. Нет, ты не прав. Я думал об этом, много думал, и до сих пор мне не в чем упрекнуть себя и не за что покраснеть.

Он взволнованно прошел от дивана к двери и назад к дивану.

— Гм... я рад за тебя, — сказал из темноты Суров, — во всяком случае я, думая о тебе, никогда не допускал, что жизнь тебя может оподлить.

— Никогда! — горячо подтвердил Кротов.

— Но притупить... может...

— Папа, самовар подан! Мама зовет! — заглянув в комнату, сказала Маня.

Суров быстро встал с дивана и, подойдя к Кротову, положил ему руки на плечи и сказал с молодым порывом:

— Но дочка у тебя — одна прелесть! Если не обманывают ее глаза, то душа ее чиста и возвышенна. Одна?

Кротов радостно улыбнулся.

— Сын еще, Петр, погодки. Да, брат, они у меня чистые.

Жизнь их не тронула. Вот познакомишься с ними, увидишь. Идем! — и он обнял Сурова.

— Помни: Алексей Викторович Суров, — сказал Суров, собираясь идти, и остановился, —Черт возьми, кажется, гости к вам!

В передней слышалось сопенье, кто-то снимал кожаные галоши; потом громко высморкался и зашаркал по полу.

Кротов махнул рукою.

— Это мой партнер в шахматы. Здешний учитель истории. Только, пожалуйста, для спокойствия, — спохватился он, — не волнуйся и не спорь, если он что-нибудь насчет современности ляпнет.

Лицо Сурова осветилось лукавой усмешкой.

— Черносотенец?..

— Почти...

— Как ты?..

Кротов отрицательно покачал головой и сказал:

— Я не мог уклониться от выборов и подал за октябриста, но в душе я — кадет!

Суров весело и громко рассмеялся.

— Черт возьми, совсем красный.

— Смейся, — сказал Кротов, — и любовно прибавил:

— Тебе, кажется, все еще 20 лет!..

— С хвостиком...

Кротов снова обнял его.

— Так не спорь с ним...

— Что я дурак, что ли? Спорят только до 23 лет, да и то по глупости.

VI

Они вошли в уютную столовую.

Пухлов сидел уже на обычном месте и при входе

незнакомого человека устремил на него свои круглые глаза. Маня толкнула брата и что-то шепнула матери.

Жена Кротова приветливо улыбнулась Сурову, которого подводил к ней муж, а потом дружески протянула ему руку и сказала:

— Милости просим! Это наша Маня, это Петя. Оба большие уже. Этой весной кончают. А это — наш старый знакомый — и она назвала Пухлова.

Пухлов колыхнул ее грузным телом и протянул Сурову мягкую с короткими пальцами руку.

— Совсем в наши Палестины или проездом изволите быть? — сипло проговорил он.

— Не знаю еще, — ответил Суров, дружески пожимая руки Пете и Мане.

Потом он сел, и Кротова тотчас подвинула ему стакан чая.

— Ведь это товарищ мой... по гимназии, — радостно стал объяснять Кротов, — двадцать три года не видались!..

— А-а! — протянул Пухлов, оглядывая Сурова. Жена Кротова тоже смотрела на него и, сравнивая с мужем, удивлялась.

— Кажется, ровесники — и какая разница!

У этого движенья быстрые, глаза и смеются и загораются, фигура словно у молодого, а муж — как водевильный отец: приличная полнота, приличная плешь, солидная дряблость. Вероятно, и беспечный. Что ему?..

— Вы, наверное, холостой? — спросила она.

Суров вопросительно взглянул на нее.

— Из чего вы заключили? Совершенно напротив. И женат был, и овдоветь успел.

— А детей нет?

По лицу Сурова скользнула легкая тень.

— И дети есть: двое. Совсем, как ваши: сын и дочь. Вас Маней зовут? — обратился он к девушке.

Маня вспыхнула и кивнула.

— А мою Маруськой.

Ему сразу понравились и жена и дети Кротова. Девушка и юноша с смелыми открытыми лицами, на которых ясно отражалось каждое их душевное движение; милая барыня с полным, несколько расплывающимся лицом, с добрыми серыми глазами, с плавными уверенными движениями и ласковым голосом.

Суров оглядел и уютную столовую и сервировку стола и понял всю несложную психологию мягкого и добродушного Кротова, который тем временем говорил, обращаясь то к Пухлову, то к жене и детям.

— 23 года, как расстались, а как дружились и все тридцать! Одно время мы с ним неразлучны были. Помнишь, в шестом классе? Веселое время было! Помнишь, как мы фейерверк устраивали? А чтенья наши, библиотека? — и, оживленный воспоминаниями лучших дней своей жизни, он рассказывал эпизоды их гимназической дружбы.

— Дети и жена слушали его с видимым удовольствием; Суров несколько раз громко смеялся, а Пухлов становился все сумрачнее. Ему казалось, что, благодаря появлению этого гостя, он совсем отодвинут на задний план.

Он воспользовался перерывом в рассказах Кротова и, устремив на Сурова круглые глаза, спросил:

— Что же, служить изволите или капитал имеете?

— Капиталист, — ответил Суров: — руки и голова.

Пухлов снисходительна улыбнулся.

— Служите, значит, по какой части изволите?

— Такой же врач, как и я, — ответил за Сурова Кротов, — хочет вот по земству служить.

— Где изволили раньше служить? — спросил Пухлов, с наивной манерой провинциала, стремясь удовлетворить свое любопытство.

— В Гдовском земстве, — ответил опять за Сурова Кротов, — а теперь на юг хочет.

— А! — сказал Пухлов, уже равнодушно оглядывая Сурова, и обратился к Кротову:

— Что же, сыграем!

— Тебе все равно? — спросил Кротов у Сурова.

— Сделай одолжение!

Маня достала доску с фигурами и, передав их отцу, села опять к столу.

В этот вечер ни она, ни Петя не ушли после чая в свои комнаты. Новый знакомый показался им очень занимательным и притом во всех его рассказах слышалось что-то недоговоренное, заманчиво таинственное.

Жена Кротова сразу разговорилась с ним дружески. Она передавала ему эпизоды их прежней жизни, женитьбу, мытарства, смерть детей и сама расспрашивала его о жене и детях и о его прежней жизни. Суров охотно отвечал. Маня и Петя принимали участие в этой беседе. Слушать рассказы Сурова было очень интересно.

Где он ни побывал только: и юг, и север, и Западный край, и Урал и Сибирь, и Кавказ, и Крым. Везде был. В рассказах его проявлялось столько различных знаний, остроумия и живости, что Петя и Маня слушали его, как зачарованные, а Кротов отрывался от игры и возвращался к ней только после нетерпеливого окрика Пухлова:

— Что же вы? Ваш ход!

— И где вы только не были, — с улыбкой заметила жена Кротова, — прямо Одиссей! Ну, а где вас застал конец 1905-го года?

— В Сибири, по всем городам по очереди. В Красноярске был, а потом в Новороссийск попал! — он замолчал, как бы вспоминая те дни, и потом тихо сказал: — да, свет блеснул так ярко, что на время всех ослепило... а надо было зрячими быть... и момент упустили... — он не окончил и торопливо стал допивать чай.

— Власть упустили, — насмешливо отозвался Пухлов, — конвент, директория и всякое такое! Там — гражданин; у нас — товарищ. Хе, хе, хе!

Кротов просительно взглянул на Сурова. Тот едва заметно повел плечом и чуть усмехнулся.

Партия окончилась. Пухлов стал расставлять фигуры для новой игры, и не без внутреннего удовольствия заговорил докторальным тоном:

— Иначе не могло и быть! Есть кучка недовольных,

смутьянов, на придачу жиды — и только! Наш уклад покоится на твердых устоях народного сознания, на старых традициях, в жертву которым еще задолго до нас принес свою жизнь Иван Сусанин! И никакие "товарищи" не пошатнут их. Да-с! Вот, если вы изволите следить за третьей Думой...

Кротов чувствовал себя неловко. Маня и Петя горячими глазами впились в худощавое лицо Сурова, который только улыбался концами губ.

— Все входит в свое русло. Дума идет навстречу правительству, правительство... — Пухлов поднял палец, украшенный толстым перстнем... Суров обратился к нему и сказал:

— Глеб Степанович уже сделал ход. Ваша очередь.

Пухлов словно поперхнулся и вытаращил глаза, потом с тяжелым сопеньем вздохнул и, не окончив фразы, угрюмо обратился к шахматной доске.

Время шло; вечерний чай сменился ужином и в начале первого часа Пухлов поднялся и стал прощаться. Кротов вышел, по обычаю, проводить его в переднюю. Пухлов, сопя, тыча ноги в галоши и обертывая толстую шею длинным гарусным шарфом, вполголоса говорил ему:

— Ну, знаете, не поздравляю вас с таким приятелем! Что-то очень припахивает "товарищем"; его, наверное, ни в одном земстве и года не держали. Сплавляйте-ка его поскорее.

Кротов добродушно пожал плечами.

— А Бог с ним! Он у меня гость на время.

— И на время не советую. Теперь за этим следят, — и, шаркая галошами, он прошел в холодные сени.

Маня с вспыхнувшим лицом воскликнула:

— Но почему вы ему ничего не ответили? — и глядела на Сурова с укором.

Петя заступился:

— Алексей Викторович отлично его оборвал. Чего тебе еще?

Суров сказал:

— Для чего я вступил бы с ним в спор?

— Ради выяснения истины, для зашиты своих убеждений! — пылко ответила Маня.

— Ой, как громко! Словно на сцене! Ну, чего же ради я сцепился бы с этим ихтиозавром? Он не спорил бы, а ругался. Убеждать его ни в чем не надо, потому что раз он увидит, что у него ничего не отнимут и он может спокойно произрастать, — он будет доволен всяким порядком. Ну, его! — Суров качнул головою.

Жена Кротова, убрав в буфет вино и водку, добродушно сказала:

— И правда: ну, его! Зачем его обижать?

— Бог с ним! — воскликнул Кротов, входя, — и большое спасибо тебе, что меня послушал. Он тут у нас таких страхов натерпелся, что на всю жизнь почернел.

— Видел я таких. Знаю!..

Суров стал прощаться.

— Вам уже все приготовили у Глеба.

— Спасибо! — сказал Суров. Он пожал всем руки и прошел в кабинет Кротова.

VII

Суров загасил лампу, зажег свечу и стал раздеваться, когда в кабинет вошел Кротов.

— Я не помешаю тебе? — спросил он.

— Нисколько, — продолжая раздеваться, ответил Суров, — у меня вообще нет привычек.

— Тогда я посижу немного с тобою — сказал Кротов, садясь в кресло подле стола и, обернувшись к Сурову, продолжал: — не можешь себе представить, как я рад тебя видеть! Поднялось и всколыхнулось все самое светло, чистое, полузабытое. Словно, на волне качает. Словно, помолодел. Ей-Богу!.. ну!.. — он удобнее уселся в кресло и закурил папиросу:

— я и жена тебе нашу немудрую жизнь рассказали. Теперь ты свою!

— Я? Свою? — Суров уже лег и, прикрывшись одеялом, закурил папиросу. Стриженная голова его с небольшой бородкой и острым носом резким силуэтом отражалась на спинке дивана, покрытой простыней. — С чего начать-то?

— Ну, с того времени, как мы расстались, как тебя арестовали.

— Рассказывать-то нечего, — ответил Суров: — сказать по правде, довольно однообразная история...

И он, сперва монотонно, а потом оживляясь и волнуясь, рассказал свою скитальческую жизнь за промелькнувшие 3 года разлуки.

Кротов слушал, не спуская с него глаз, и весь рассказ этого маленького, худощавого человека с острым прямым носом, с открытым взглядом, бодрого, словно юноша, казался ему отрывком самого удивительного романа.

Как его арестовали, тогда, во время выпускных экзаменов, — так и пошло! Перевезли его тогда в Петербург, в крепость. Девять месяцев держали, ничего не узнали и выпустили.

В крепости была хорошая библиотека, там он французский язык выучил.

Как выпустили, сдал экзамен на аттестат. Спасибо, что разрешили, и в университет поступил. Уроки да лекции, лекции да уроки, сошелся кой с кем... Два года спокойно жил, а там в Вятку, административно, оттуда в Минусинск.

У одного приятеля при аресте мои письма нашли!.. — пояснил он.

Ну, там уж не до учения; с голоду бы не умереть. Был приказчиком, потом писарем, раз почтальоном. Да! Ничем не брезговал.

Там и женился на дочери дьячка...

Четыре года маячил, отбыл срок и вернулся в Москву. Опять университет. Полтора года работал, а там беспорядки, волнения; выгнали, и, как говорится, столицы лишили. Попал в Харьков. При одном заводе хорошо устроился: 125 рублей, квартира...

— Ну, да я умею работать, — усмехнулся Суров и продолжал, — А тут появился марксизм. Почувствовалась почва! Твердая почва под ногами. Явилась возможность "работать", дельные люди кругом ожили, зашевелились, подобралась компания на диво... А затем... аресты и мой арест. Следствие и без суда ссылка. По тюрьмам тогда в общей сложности четыре года провел и этапом в Сибирь. На десять лет... В Сибири всего испытал. Ну, а потом амнистия — и пошел домой... А где мой дом? — Суров сел на диване и лицо его словно озарилось, — тогда думал: по всей моей родине, везде, думал, жить, дышать, говорить можно будет! Зари дождались... Что я, измученный этой жаждой общего счастья? Все так думали. Как поехал я со своими ребятами, все словно пьяные. Их в Москве оставил, а сам дальше... партию основывал, на митинги ездил, газету выпускал. А теперь, — он снова лег и горько засмеялся, — зайцем бегаю! — и он замолчал.

— А жена... дети? — спросил Кротов.

— Жена померла. Вот, брат, была женщина! — он снова сел и спустил на пол босые ноги. — Эх, Глеб, верую я вообще в женщину, а выше русской женщины, чище, самоотверженнее — никого не знаю! И без всякого геройства. Взять, хотя бы, ее. Полюбила, поверила и пошла. Дал я ей собачью долю и хоть бы раз попрекнула... Ну, да это самое обыкновенное. Нашим женам эти лишенья, мыканья, — не в диковину. Но, вот! Когда меня по тюрьмам таскать начали, когда этапом гнали... она все время подле меня была. Сижу и чувствую, что там за оградой, за стеною, есть она, родная душа! Сижу и семью чувствую! А? Знаю, дети с голоду не помрут; знаю, подлецами не сделаются; знаю, что меня они знают и... любят. И как любят-то. А все она!

Он замолчал и опустил голову, потом встряхнулся.

— Сподвижница была! Потом, в ссылке, мы уже неразлучны были. Она, дети... и узнал я, как билась она тогда. Чего не испытала! Всякое дело брала, на всякую мерзость натыкалась. В лавке приказчицей была; хозяйский сын проходу не давал. Ушла. В чайной прислуживала. Не смогла — ушла. Шила, штопала, окна и полы за 80 коп. в день мыла, сиделкой была. И душа ее не вынесла никакого озлобления! И она снова была готова на то же. А?.. Понятно, надорвалась. Померла от тифа. Тиф пустое для крепкого организма, а ее, беднягу, и ветром валило. В Якутске похоронил...

Кротов вытер рукою мокрую щеку и любовно взглянул на замолчавшего Сурова. Тот сидел, опершись обеими руками на диван, опустив голову, устремив перед собою неподвижный взгляд, и, видимо, переживал скорбные воспоминания. Кротов сразу понял, как мало он нуждается в жалких словах утешения и сочувствия.

— А дети? — спросил он, нарушая молчание.

Суров очнулся и выпрямился.

— Колька и Маруська? — ответил он, — вот, если бы ты их увидел, что за ребята! Твоим ровесники. Николай теперь в Горном. Молодец. Стойкий, с выдержкой, и метаться не будет, и на шаг не отодвинется, А Маруська! — голос его вдруг сорвался, по лицу прошла словно тень, но слова прониклись еще большею нежностью, — и в меня и в мать. Она старшая. Мои — горячность, порыв и ее — самоотверженность; мое — негодование и жажда справедливости и ее — упорство и стойкость в беде. О, моя Маруся, Марусенька моя! — и он закрыл лицо руками, но через мгновение принял их и торопливо закурил папиросу.

— Где она?

Суров ответил не сразу.

— В Москву я ее завез, к знакомым, а там она слюбилась с одним и за ним пошла. Славный парень. Вот с ней, может, и встретишься. Узнаешь ее. Хорошая, больно хорошая! Ну, до свиданья, дружище! Пора и спать! — он быстро улегся и натянул на себя одеяло.

Часы в столовой гулко пробили четыре.

Кротов поднялся с кресла и, крепко пожав руку старому товарищу, прошел в спальню. Он и не заметил, как прошло время и, охваченный впечатлением слышанного, медленно раздевался.

Жена проснулась и пробормотала:

— Ты еще не ложился?

— Нет, разговаривали. Ах, какой он хороший человек!

— Очень хороший, — ответила жена, — очень... — и, повернувшись на другой бок, тотчас заснула.

Кротов не мог спать. Он лег, загасил свечу и, смотря в темноту ночи, думал обо всем им услышанном.

Из какого теста лепятся эти люди?..

VIII

Дети уже давно ушли в гимназию; жена встала и хлопотала по хозяйству, когда Кротов проснулся и, взглянув на часы, увидел, что проспал до половины одиннадцатого.

В спальню вошла жена.

— Проснулся? А я уже шла будить тебя. Давать чаю?

— Давай, и скорее! Я и то запоздал. Что, Суров проснулся?

— Он? Он с детьми еще чаю напился, потом со мною — кофе. Теперь что-то в кабинете делает. Что за милый человек! — прибавила она, — и все-то он знает.

— Свет повидал. Ну, давай чаю!

Кротов выпил в постели два стакана, встал и прошел в кабинет.

Суров лежал на диване и читал газету. При входе Кротова он отбросил ее и протянул ему руку. Теперь при дневном свете Кротов увидел другое лицо. Морщины около губ и носа были видны яснее, в маленькой бородке белели седые волосы; цвет лица был темный, землистый.

— Ты дурно спал? — сказал Кротов, здороваясь, — для чего ты так рано поднялся?

— Пустое, — ответил Суров, — я вообще мало сплю. — Ты куда сейчас?

— В тюрьму. Потом по визитам.

— Я провожу тебя до тюрьмы. Далеко это?

— Нет, минут десять.

— И потом, — сказал Суров, — еще одолжение. Вот тебе

мой паспорт. Можешь быть спокоен, настоящий. Отдай в прописку и скорей назад. И еще вот деньги: тут тысяча четыреста рублей. Положи их у себя, — он протянул ему паспортную книжку и конверт с деньгами.

Кротов взял и нерешительно взглянул на них.

— Ты бы в банк лучше...

— Ничуть не лучше, мне их под рукой иметь нужно, — ответил Суров, — на случай же чего, я там адрес положил. По адресу отправишь. Не беспокойся, — прибавил он, — легальнейший и солидный человек. Ну, двигаемся.

— Погоди, я сочту и спрячу деньги, — сказал Кротов и, опустившись в кресло, вынул из конверта деньги и сосчитал.

— Верно, я все-таки дам тебе расписку.

— Умно: мне важно их без всякой расписки держать. И, пожалуйста, не прячь далеко, чтобы, в случае чего, можно было сразу...

— Сюда запру, — сказал Кротов, — кладя пакет в боковой ящик стола и запирая его.

— Отлично! Ну, идем!

Жена Кротова вышла проводить их. Суров ласково устранил помощь горничной, надевая пальто, а потом стал закутывать голову в башлык. Кротов запахнулся в енотовую шубу и взял шапку. Они вышли на улицу.

Крепкий снег искрился под лучами негреющего солнца и скрипел под ногами. Редкие прохожие почти бежали, закутанные, окруженные паром своего дыхания.

Суров съежился, глубоко засунул руки в рукава пальто и шутливо сказал:

— Ну, купец, пойдем пошибче!

— И зачем ты вышел? Сидел бы дома. У жены водка, закуска...

— Вот пробегусь по морозу, аппетит и нагуляю, — ответил Суров и спросил: — что, много у тебя там работы?

Кротов ответил. Суров продолжал расспросы, рассказывая о порядках в знакомых ему тюрьмах, и Кротов отвечал ему, передавая в свою очередь обиход их тюремной жизни.

— А вот, и она самая! — сказал он, указывая на тюрьму.

Она стояла на окраине города. Одинокая, словно отверженная, среди раскинувшихся справа и слева огородов, теперь занесенных снегом, на фоне ослепительно белой пелены, она угрюмо возвышалась грудою красных кирпичей, обнесенная каменной оградой, в которой, как щель, чернели ворота. По всей высокой стене ее фасада четырьмя рядами чернели маленькие окна камер, и белые, пушистые гирлянды снега, покрывшие железные прутья решеток, казались ресницами, опушенными инеем на сомкнутых веждах.

С правой стороны от тюрьмы стоял лес, и теперь от него вереницей шли в серых шапках и рваных тулупах арестанты, таща за собою сани с дровами. По бокам их шли, закутанные в башлыки надзиратели.

— Это что же? — спросил Суров.

— За дровами ходили. У них там в лесу заготовка. Ну, иди домой! До свиданья!

— Бегу, и это каждый день?

— Каждый. Ну, иди!

Кротов пошел к тюрьме, и его словно проглотила маленькая калитка в черных воротах. Минуту спустя он здоровался с Виноградовым, который был дежурным, с Прокутовым и Свирбеевым, проходя к своему письменному столу проглядывать рапортички.

Прокутов, торопясь в корпус тюрьмы, с пачкою прочитанных им писем, оканчивал рассказ о своих карточных неудачах:

— И куда ни поставлю — бьет и бьет, и все комплектами! Как швед под Полтавой, все. А позади меня тут же раздача была. Крутолобов две тысячи просадил. Абдулин подошел с последней трешницей — 470 сделал, не вышло! — окончил он, вздохнув, и ушел.

Виноградов захохотал.

— С ним всегда так, в наваре триста. Мало, через полчаса: "одолжи золотой". Всегда в проигрыше, как бутылка чернил.

Свирбеев широко улыбнулся, раздвинул рот до ушей и сказал:

— Счастье, как мельхиор, мелькнет — и нет!

— Метеор, дурья твоя голова, — поправил его Виноградов.

— А какие новости? — спросил Кротов.

— А никаких! — ответил Виноградов, вставая и потягиваясь, — из уголовных, политиков ни одного. Ну, их к Богу! У нас теперь всего два карася, и то замучился с ними. Сам ночью два раза прибегал да два раза телефонировал. Ну, куда они к дьяволу убегут? А утром, в шесть часов, эту Холину на очную возили...

— Ну, скоро избавят вас, — сказал Свирбеев.

— Это еще вопрос. Дадут каторгу, тогда с ними понянчишься, пока дальше не отправишь... Да-с, так и не спал, как грецкий орех!

— А возможно, что каторга, — спросил Кротов, — вставая и собираясь идти.

— Просто, как фунт изюма! Дело знаете?

— Подробности, нет.

— Василь Васильча ухлопали. Помните?

— Ну, как же!

— Двух рабочих забрали, они на барина указывали. Ну-с, барин этот наш Макаров и есть. Будто он им револьвер дал и советовал, и все такое...

Кротов кивнул. Виноградов закурил, пустил дым через нос и продолжал:

— Ну-с, а у вдовы Пичулиной девица Холина поселилась. Оказывается, в одно время с Макаровым к нам приехала, в одно время уехала, да и арестована с ним вместе. Но штука не в том, а в том, что она, уехавши, две бомбы забыла. Поняли? Вот где апельсины зреют!

— В чем же обвиняют ее?

— Соучастие и бомбы! Сегодня эта Пичулина признала ее.

Кротов с облегчением вздохнул.

— Ну, за это вешать не станут...

— Вешать за шею будут, — сказал Виноградов.

Свирбеев расхохотался до кашля, а Кротов только укоризненно качнул головою и пошел в госпиталь. Ему вдруг стало легче при мысли, что эта девушка не обречена на казнь. Он даже без обычного отвращения встретился в больнице со своим коллегой: Честовским, шутил с больными, принял амбулаторных и отправился по визитам, а к шести часам подъезжал к дому, и, смотря на ряд освещенных окон, которые словно приветствовали его, обещая покой и ласку, почувствовал себя совсем счастливым.

Он позвонил, вошел и уже в сенях услышал громкий смех Сурова.

— Наконец, ты вернулся! — воскликнула Маня, выбегая к нему в переднюю, — мы совсем голодные! — и, поцеловав его, закричала: — будем обедать!

Кротов дружески улыбнулся Сурову, прошел в спальную, переоделся и, когда снова вошел в столовую, на столе уже стояла миска, а Суров наливал в рюмки водку.

Кротов сел, чокнулся и с удовольствием выпил.

— Ну, какие у вас тюремные новости? — спросил Суров.

— У нас? Какие же? — Кротов пожал плечами: — цинги нет, тифа нет и слава Богу!

— Вот, значит, ты главного и не знаешь, — сказал Петя, а сегодня даже в "Листке" напечатано. К вам привезли Макарова и Холину, причастных к убийству полицмейстера, и на той неделе военным судом судить будут!

Кротов смутился и, принимая из рук Сурова тарелку супа, сказал:

— А, это! Да привезли...

— Ты видел их? — быстро спросила Маня.

— Его нет, ее видел, — ответил Кротов.

— Больна? В госпитале? — опуская ложку, спросил Суров.

— Нет! С дороги устала. Нервы. На бессонницу жаловалась. А так молодцом...

Суров глубоко перевел дыхание.

— Какая она? — спросила Маня, — блондинка, брюнетка? Молодая? Красивая?

Кротов описал, как умел, ее внешность и тихая грусть послышалась в его голосе. Невольно представилась ему тесная камера с холодными голыми стенами и в ней одинокая девушка, зябко кутающаяся в платок, сиротливо сидящая на табуретке перед убогим столом...

У Мани задрожал голос:

— И неужели, папа, ее повесят?

Кротов даже махнул рукой.

— Кто сказал? Чушь! Она даже мало замешана... — и он передал дело, как слышал от Виноградова.

— Разве они разбирают? — сказал Суров. — Они машина, автоматическая машина для выполнения казни через повешение...

— Ну, не скажи, — ответил Кротов, — с фактами считаться надо, соблюсти хоть формальную сторону. Бомбы, да, теперь это не шутка, но за них не казнят...

— А что, этот господин здесь любим был? — спросил Суров, меняя разговор, — полицеймейстер этот?

— Он?! — пылко воскликнул Петя, — первый негодяй!

— У этого Семенова на жалованьи состоял. Как он укрощал тогда рабочих, ужас! — морщась, сказала Маня, — помнишь, мамочка, Чеканова?

— Да, — передернув плечами, подтвердила жена Кротова, — не в меру старался. Слушать рассказы, так мороз по коже...

Суров вздохнул и повел рукою по лицу.

— Да, в такие моменты вспоминается закон старика Моисея: око за око, кровь за кровь, зуб за зуб... Никому не сладко...

Обед окончился и все встали из-за стола.

— Ты, пожалуйста, не стесняйся, — сказал Суров, входя с Кротовым в его кабинет, — привык спать на диване и спи, а у меня и этой барской привычки нет, и дело имею.

Кротов лег на диван, на который была уже положена подушка с плодом, а Суров сел за стол и вынул записную книжку.

— Я тебе не помешаю?

— Пожалуйста!

— Да, еще, — сказал Суров, — ты для вида все-таки поищи мне места. Если нужно будет, я и прошение подам, а то мне здесь, быть может, и с месяц прожить придется. Ты позволишь?

Кротов даже приподнялся.

— Да хоть совсем живи у нас. Ты так всем поправился, а я...

— Ну, спасибо. Так я займусь малость!

IX

Когда Кротов проснулся, Сурова в комнате не было, лампа была погашена и Маня ласково будила его:

— Вставай, папочка, чай на столе и Савелий Кондратьевич давно уже ждет.

— А Суров?

— Ушел перед самым чаем, — ответила Маня и прибавила: — какой он хороший, папа, у нас из знаковых никого такого занимательного нет.

Кротов кивнул.

— И все он знает! Сегодня он мне про реформацию стал рассказывать. Мама даже на кухню не пошла, так интересно! А теперь он, вероятно, нарочно от Пухлова ушел. Противный этот Пухлов, черносотенец! А Петя уверяет, что Суров революционер. Правда?

Кротов уже надел пиджак, пока она тараторила.

— Глупости болтает Петя, — сказал он, — ну, идем! — и они вышли в столовую.

Пухлов поздоровался и сказал:

— Ну, вот и мы дождались! Слыхали? У нас судить будут убийц нашего славного Василия Васильевича. Обоих зацапали. Вы видели гусей этих?

— Нет, — ответил Кротов, и, садясь к столу, сказал: — откуда вы эту злость берете? Ведь, все успокоилось, улеглось.

— Ну, нет-с, не скажите! — даже всколыхнулся Пухлов, — теперь-то и надо страху нагонять, чтобы помнили, да-с, чтобы помнили! А, по вашему, как же: "пошалили, а теперь будьте паиньки", и по головке погладить. Нет, без пощады...

— Фи, даже слушать противно, — воскликнула Маня.

Пухлов так резко повернулся к ней, что даже стул затрещал.

— Противно? Это уже гость ваш сказывается, вот, — и он обернулся к Кротову: — вот и приятель ваш. Готово! Говорю вам, Глеб Степанович, поберегитесь его. Чувствую я, что волк он. Недаром его из всех земств туряли, да!..

Кротов вспыхнул, но сдержался.

— Я попрошу вас теперь, Савелий Кондратьевич, — сказал он слегка изменившимся голосом, — и раз навсегда, не будем говорить о политике. Я, вы знаете, не революционер, при тюрьме служу... — он горько усмехнулся — но не могу слушать ваших озлобленных речей. Тяжело мне. И еще: оставьте в покое моего приятеля...

Все на мгновение почувствовали себя неловко. Пухлов откинулся. Вытаращил глаза и тяжело засопел. Потом вынул платок, вытер покрасневшее лицо и сказал:

— Хорошо-с, отлично, Глеб Степанович, не будем о политике! Я себя, извините, ради вашего приятеля, переделывать не стану, но помолчать — извольте, могу... — и он качнулся в сторону Кротова с ироническим поклоном.

Кротов сделал усилие, улыбнулся и сказал:

— И отлично, будем пить чай и сразимся.

Они стали играть, но игра велась вяло, без обычного оживления, и в этот вечер Пухлов ушел домой, когда еще не убрали самовара.

— Он совсем обиделся, — не без тревоги сказала жена Кротова, когда Кротов вернулся в столовую.

Он махнул рукою.

— Тяжело мне переносить такую озлобленность. Бог с ним! Суди сама: видел я эту девочку; говорят, виселица ей грозит. Ей, такой вот, как Маня! А он с ликованием. Не могу.

— И очень хорошо! Ты его славно отчитал, папа, — пылко сказала Маня, — хоть бы и дорогу к нам забыл...

Петя тряхнул головою.

— Если бы ты знал, папа, как у нас в гимназии его презирают!

— Ну, Бог с ним, — ответил Кротов и, обернувшись, увидел в передней Сурова.

— Ты откуда?

Суров вошел, потирая руки и ежась от холода. Скулы и нос его были совсем красные.

— Чаю хотите?

— Если горячий...

Жена Кротова тронула рукой самовар.

— Нет, совсем остыл. Погодите, вы пока рюмку водки выпейте и закусите, а я разогреть велю, — и она поспешно встала, а Маня уже подавала водку, рюмки и доставала приборы.

Суров сел к столу и заговорил:

— Откуда? По делам ходил, а что я не с крыльца вернулся, так я через кухню. Скорее. Ну и мороз! Градусов 20! — и, выпив рюмку водки, спросил: — а где же ихтиозавр ваш? Шахматы на столе, а он...

Маня и Петя засмеялись.

— Папа его так отчистил...

— Ушел и не вернется...

— Да ну, что такое? — по лицу его скользнула тревожная тень, и он вопросительно взглянул на Кротова.

— Болтают, — ответил тот, — просто ушел, недовольный тем, что мы помешали ему восторгаться казнями.

— А! — Суров придвинул тарелку и стал есть, говоря, — и отлично! Я не понимаю, как вообще в обществе мыслимы такие люди. Ну, разве пока ест, пьет или там в винт, в шахматы играет. Пусть! Но когда заговорит, брр... откуда у них ненависти столько? Дикие люди!

— Хоть бы и не приходил вовсе, — сказал Петя.

X

Пухлов перестал посещать Кротовых, а Суров за два-три дня стал у них совсем своим человеком.

Серьезный и понимающий шутку, образованный и в то же время простой, все испытавший и в то же время доверчивый, матерьялист по убеждениям и идеалист в жизненных отношениях, он нравился всем и все чувствовали себя с ним равным.

Кротов в беседах с ним, большею частью перед сном, отводил душу. Раз даже он совсем расчувствовался.

— Золотой ты человек, — сказал он ему с умилением, — тонко ты все чувствуешь и понимаешь! Я с тобой вот говорю и словно душой очищаюсь! Ей-Богу, ведь тут что? — ржа, тина; навоз. Ведь, я, здесь сидя, кажется, растерял все, что имел за душою, и ничего не приобрел даже, как врач. Я, ведь, все по рутине, по старинке. Руку набил, да... операцию теперь хорошо сделаю; ну, а эта терапия, диагноз!.. Вот журнал выписываю, а так и лежит неразрезанный. Ты теперь из него больше вычитал, чем я за все время.

Он тяжело вздохнул и опустил голову.

Суров молча курил папиросу.

— Ты явился и словно встряхнул меня, всех нас!.. Я, ведь, по правде-то, когда все кипело вокруг, даже нисколько не волновался. Да, брат! Что, думаю, люди живут и жили. Чего им? Ни бедности, ни насилия, ни болезней, ни смерти не изведут.

— А теперь? — спросил Суров.

— Теперь, в последнее время, — ответил Кротов, — как-то тяжело становится. Особенно эти дни. Ты приехал — юность, воспоминания и все такое... а тут еще эти... для казни. Придешь на службу, слушаешь там их разговоры и неловко делается.

Суров молча кивнул. Кротов покраснел и заговорил с горячностью:

— Но я тут не при чем. Я не их. Я врач и все время делал и

делаю свое дело, как честный человек. Я исполняю свой долг, и никто не сможет упрекнуть меня ни в чем. Ты знаешь моих детей? Разве они не честны, не свободны? И я убежден, что они никогда не покраснеют за своего отца!

Кротов произнес эти слова, словно оправдываясь, Суров слушал его, кивая головой, потом загасил докуренную папиросу и заговорил в ответ ему:

— И так и не так, Глеб! Бывают такие моменты в жизни общества, когда каждый, прежде чем исполнять долг, обязан точно уяснить себе в чем его долг, прямой долг. Исполнять долг, честно добросовестно служить... да это — последнее дело. И агент полиции, и журналист, и палач служат "честно" своему делу. Но дело-то самое, обстановка, люди, рядом служащие... вот! В том-то и горе, что, я уверен, есть масса порядочных людей, которые "честно" служат и успокоились на этом, не выяснив себе вопроса: в чем долг их, даже не останавливаясь на этом вопросе... ну, а что та сказал относительно насилий, бедности, болезни и даже смерти — то это уже совсем не так! Человечество идет вперед, нет прежней грубости, нет даже прежней бедности. Самые понятия изменились. Про болезни и говорить нечего. Что были раньше чума, холера, оспа и что теперь? Дифтерит уже не смертелен. И самая смерть: средний возраст повысился. Нет, Глеб, человечество идет к лучшему будущему. Но оставим человечество. Мы, у нас? Разве так жить возможно?!

Голос его зазвенел и оборвался...

Кротов после этого разговора долго лежал в постели с открытыми глазами, стараясь выяснить смутные впечатления своей души, а на следующий день ему особенно были неприятны и разговоры и даже лица своих сослуживцев.

Рано утром, напившись чая, Суров был чем-то занят. Он уходил из дому и иногда возвращался только к обеденной поре. Несколько раз он уходил после того, как, кончив ужинать, все расходились по своим комнатам и тогда говорил Кротову:

— Прости, сегодня уж не поболтаем. Мне надо...

Два раза он брал у него по 25 рублей, и Кротов шутя сказал ему:

— Можно подумать, что или заговором или тайным развратом занимаешься. Деньги тратишь, а сам в такой мороз в пальто гуляешь.

Суров улыбнулся.

— Что мне мороз? Я и не такие видывал...

Раз Кротов увидал у него две детские дудки, и совсем сконфузил его.

— Это ты кому дарить собираешься?

Суров смущенно сунул их в карман.

— Так... ребятишкам...

XI

Тюремные новости уже перестали быть только тюремными и волновали весь город.

Военный суд собирался разбирать дело об убийстве полицеймейстера. Ожидались смертные приговоры. И об арестованных и доставленных в местную тюрьму Макарове и Холиной по городу ходили самые невероятные рассказы. По одним — они рисовались, как исчадие ада, кровожадные звери, холодные убийцы; по другим — их представляли мучениками идеи, борцами за свободу, мстителями за насилие.

Одни приписывали им массу кровавых преступлений, другие считали их невинно страждущими. Правду знали немногие, и в их числе Кротов.

Один рабочий указывает на Макарова, что тот дал ему револьвер, научил, когда лучше убить его, и сам следил за ним.

— Чушь, — резко сказал Суров, — выгораживает себя, дурак, и мелет вздор.

— Почему чушь?

— Непохоже ни на дельного, ни на умного человека. Станет он указывать ему время и выслеживать. Экая птица полицеймейстер! Рабочий в один день сам все узнает. Дал револьвер — возможно, а все остальное — чушь.

— Ну, я говорю то, что в его обвинительном акте, — сказал Кротов, — а про Холину только и есть, что после ее отъезда в комнате бомбы нашли, да еще единовременное пребывание с Макаровым и близость с ним.

— Ее оправдают! — сказала жена Кротова.

Суров засмеялся.

— Что вы? Газет не читаете? Бомба — четыре года каторги, две бомбы — 6 лет!..

— За что же?

— За держание этих бомб, — ответил Суров и спросил: — А когда суд?

— Не знаю точно. Говорят, послезавтра. Во всяком случае, в конце недели.

— Пойду!

— Да, ведь, не пустят. Избранная публика, так сказать, своя.

Суров мотнул головою.

— Захотеть — всюду пустят!..

— Пухлов у нас в классе целую речь произнес, — сказал Петя, — говорил о глупости убийства, потом про девушку. Мы шуметь начали, засвистали. — Замолчал!..

Интерес к делу возрастал по мере приближения дня суда.

И, наконец, он настал.

Начальник тюрьмы и помощник суетились больше обыкновенного.

Около здания суда, в котором происходило заседание, с утра толпились любопытные.

Кротовы сидели за вечерним чаем. Сурова не было. В столовой стояло тягостное молчание и все находились в напряженном ожидании.

— Я думаю, сегодня и приговор, — сказала жена Кротова.

— Очевидно, — ответил он, — в II час. начали. Времени достаточно.

И все заговорили сразу.

— Они и защитников не взяли, — сказала опять жена.

— Зачем? — проговорил Петя, — Алексей Викторович говорит, что это только время затягивает.

— А где он?

— В суде, — ответила Маня, — он там достал место. Очень интересуется.

— Кто не интересуется, сказал Кротов, — только и говорят, что о них.

— Вот он! — крикнул Петя, — ну, что? Кончилось?

Все оглянулись и увидели Сурова.

Он, по обыкновению, пришел через кухню и разматывал в передней башлык. Потом снял галоши, пальто и вошел, отвечая:

— Кончилось...

— Чем? Насколько? — быстро спросил Кротов.

— Навсегда! — холодно усмехнулся Суров.

— Как это? Не понимаю...

— Всех к смертной казни, — пояснил Суров.

Маня вскрикнула; Кротов растерянно огляделся и пробормотал:

— Как? Быть не может!

— Факт, а не реклама, как пишут в объявлениях! — усмехнулся Суров и обратился к жене Кротова, — не откажите стакан чая: иззяб!

— Но, ведь, приговор пойдет еще на утверждение, — сказал, оживляясь, Кротов.

— Это другой разговор.

На несколько мгновений наступило тяжелое молчание, потом Кротов растерянно проговорил:

— Вот, ведь, поди! Каждый день читаешь и — ничего. А как у тебя перед глазами, так словно обухом в голову! Словно сам казнишь...

— Ее-то уж, наверное, помилуют, — сказала жена Кротова.

— Не думаю, — отозвался Суров, — ее крепко притянули к сообществу. С ним она в дружбе... Ну, да будет видно!

XII

Окончательное решение! Чей-то росчерк пером и от этого жизнь или смерть одного, двух, четырех...

Кротов совсем спутался в своих мыслях. Все в нем было до сих пор крепко, устойчиво, благодушно от сознания, что он исполняет свой долг и полезен многим.

И теперь все перевернулось.

Суров прав. Надо уяснить себе — в чем действительный долг.

— Чего ты не спишь, ты не здоров? — спросила жена, услыхав сквозь сон, что он закуривает.

— Нет, так... — отвечал он и опять думал, то есть, вернее, старался разобраться в хаосе своих мыслей.

Девушка с серыми глазами неотступно стояла перед ним.

— Как Маня, только у Мани глаза черные, а у этой серые. И серьезнее она. Видно, что уже успела узнать горе...

Когда он встал и собрался идти на службу, Сурова уже не было дома.

— Чуть свет ушедши, а ночью надо быть не спал, — сказала горничная, — постеля не тронута и окурков этих гора, и все у печки. Внимательный господин.

Кротов пошел на службу.

В общей комнате находились дежурный офицер, неизменный Свирбеев и Виноградов.

— Осудили! Всех четверых! — сказал дежурный, здороваясь с Кротовым.

— Я говорил: каюк! — отозвался Виноградов, отрываясь от чтения арестантских писем, с которыми он расположился на диване.

— Было ясно, как тарелка супа!

— Положим, приговор еще не утвержден, — сказал дежурный.

Кротов с облегчением перевел дух и присел к столу.

— Утвердят. Будьте покойны, — Виноградов собрал прочитанные письма и пересел к столу у окошка, кивнув

Свирбееву: — ну, сыграем, что ли, на четверть этак, четверть так!

Свирбеев тотчас уселся против него.

— Ну, девочку-то, пожалуй, помилуют! — сказал дежурный.

— Пари на красненькую, что нет! — ответил Виноградов.

— Идет!

— Ну? А ты ходи! Начинай, — сказал нетерпеливо Свирбеев.

— Начала гулять Параша, а до чего догулялась, — весело проговорил Виноградов, двигая шашку, и ответил дежурному: — Пари записано. Десять рублей! Я говорю: всех и ее!

Кротов допил чай, взял рапортички фельдшера и вышел. В госпитале его встретил Честовский и, ухватив его руку в обе свои, с ласковой улыбкой сказал:

— Дорогой мой коллега, я к вам с просьбой!

— Что за просьба?

— Позвольте мне на казни присутствовать. Если вас назначат, откажитесь, дорогой мой!

Кротов побледнел и с омерзением выдернул свою руку.

— Черт знает, что вы говорите! — резко сказал он, — за кого вы меня считаете, чтобы я на такую гадость смотрел?

Честовский на миг смутился, но потом улыбнулся и закивал головою.

— У-у горячий какой! Понятно, не хорошо. Но мне для научных целей. — прибавил он.

Кротов отвернулся от него к фельдшеру и сказал:

— Идемте, Кузьма Никифорович!

— Кровожадный зверь, можно сказать, — тихо проговорил фельдшер, идя следом за Кротовым и потом еще тише прибавил: — трогательная картина, идиллия, можно сказать...

— Вы про что?

На лице фельдшера отразилось волнение, он еще понизил голос:

— Старший рассказывал, а ему жандарм. Она, это, с тем-то в любви. Назад из суда вместе ехали; он ее обнял и ехали так.

93

Потом он ее на руках из кареты вынес. Жандармы-то добрые попались. Дозволили... Тут их разняли... поцеловались...

Салазкин вздохнул и отвернулся...

Они пошли по госпиталю.

Кротов, вернувшись домой, еще не успел войти в переднюю, как услышал тревожные нервные голоса:

— Ну? Что? Помиловали?

Маня и Петя выбежали в переднюю, жена стояла в дверях стоовой, Суров — в дверях кабинета.

— Рано еще. Никакого ответа, — Сказал Кротов, раздеваясь.

— Да, ведь, это по телеграфу! — воскликнул нервно Суров, — десять минут.

— Ну, брат, это не котят топить, 10 минут! Вероятно думают, справки наводят, а то и с Петербургом сносятся. Мы, ведь, всех их порядков не знаем. Давайте обедать!

И разговор за обедом и за вечерним чаем был все на ту же мучительную тему: утвердят приговор или нет?

Маня два раза плакала, Петя угрюмо грыз ногти, Суров сосредоточенно молчал, изредка прерывая молчание желчными речами.

Кротов передал общее убеждение, что если не всех, то Холину, наверное, помилуют.

— Все ее жалеют! — прибавил он.

— Ну, это у вас, в тюрьме, — сказал Суров, а там — выше — руководятся иными соображениями. Тьфу! Какие там соображения, я думаю, все это от состояния чьего-нибудь желудка зависит.

В эти дни, в которые решалась судьба приговоренных, словно кошмар охватил всех в доме Кротова.

Утвердят приговор или помилуют, и Кротову казалось порою, что это решение так близко касается его, словно готовят петлю на шею его дочери или сына.

Всех охватило волнение. Ночью Маня вскрикивала и стонала; жена беспокойно ворочалась и вдруг просыпалась и окрикивала его:

— Ты не спишь?

— Нет!

— Как ты думаешь, помилуют их?

— Не знаю...

Суров не спал третью ночь. Он уходил из дому, а потом, осторожно вернувшись через кухню, сидел до рассвета перед раскрытой печкой и курил папиросу за папиросой. Лицо его осунулось, черты заострились, глаза горели лихорадочным блеском,

Это же напряженное состояние чувствовалось и в тюрьме.

Начальник ходил все время с нахмуренным, озабоченным лицом; помощники, особенно дежурные, были нервно настроены; даже старшие и младшие надзиратели стали серьезны и пасмурны. Игра в шашки на время прекратилась, и врач Честовский теперь каждое утро появлялся в дежурной и, поздоровавшись со всеми, неизменно спрашивал:

— Нет еще?

— Нет, — отвечал ему кто-нибудь, и затем начинались тяжелые для Кротова разговоры о мерзких подробностях.

— Дмитрий Иванович палача нашел! — известил однажды дежурный.

— Каторжный?

— Какой, аматер нашелся, по профессии мясник! На 4 месяца за кражу посажен. Сам вызвался.

— Надо будет с ним поторговаться, — сказал пухлый Прокрутов, — хочу веревку купить...

— Аматер — это опасно. В этом деле и уменье нужно, — озабоченно сказал Честовский, — можно по неопытности и на 10 минут затянуть всю историю.

— Да неужели? — воскликнул дежурный.

— Как же, видите ли в чем дело... — и Честовский, с самодовольной улыбкой, стал объяснять сущность смерти через повышение.

Кротов поспешно вышел из комнаты.

В госпитале он оправился.

— Ничего насчет их неизвестно? — нервно спрашивал у него фельдшер.

— Ничего еще, — отвечал Кротов.

Этот Салазкин с пестрым галстуком, с пошлым фатовским лицом оказался душевнее и человечнее многих других.

Раз он дрогнувшим голосом сказал Кротову:

— Я ни за что туда не пойду. Пусть откажут!

— Людвиг Сигизмундович будет за нас, — ответил Кротов.

Шел уже третий день.

Когда Кротов возвращался домой, на полдороге его встретил Суров.

— Что?

— Еще ничего. Нет ответа...

Они пошли домой.

— Что же они-то переживают! — глухо проговорил Суров и вдруг остановился. — Не могу я на людях быть. Ты иди, а я еще погуляю, — и, повернувшись, он быстро пошел по улице.

Кротов не удивлялся его состоянию.

Если волнуются они, если волнуются даже в тюрьме, как же волноваться Сурову, который, быть может, даже лично знал их.

— Что с ими будет, барин? — спросила его горничная, отворяя дверь.

— Неизвестно еще...

— Ну, что? — в один голос спросили жена и дети.

— Ничего неизвестно!

— Господи, да какая же это пытка! — всплеснув руками, воскликнула жена Кротова.

Только на четвертые сутки пришло решение.

Кротов, едва переступив порог тюремной калитки, как-то сразу почувствовал это. На лицах, в атмосфере, на грязных кирпичных стенах вдруг отразилось что-то неуловимое, жуткое, и веяло на каждого таким холодом, что все говорили, понизив голос, и ходили, сдерживая топот каблуков.

В дежурной все были в сборе, даже редко появляющийся заведующий хозяйством. Он только что окончил разговор с начальником и собирался уходить, говоря:

— Понятно, на втором дворе, за банею...

— Да, да, вот! — кивая головой, озабоченно повторял начальник, и обернулся к дежурному: — Передайте

Бахрушину, чтобы в камеру 43 каждый день бутылку водки давали. Я разрешаю.

— Слушаю-с.

Начальник вышел, на ходу поздоровавшись с Кротовым, а Виноградов, закурив папиросу, сказал:

— А пари я выиграл, всех четырех.

— И ее? — воскликнул Кротов.

Виноградов кивнул.

Вошел Честовский, с довольным видом потирая руки.

— Всех в один день? — спросил он.

— Гуртом! — ответил Свирбеев.

— Когда?

— Неизвестно еще. Вероятно, послезавтра, — отозвался дежурный.

Кротов выбежал из комнаты. Голова его кружилась, он чувствовал озноб во всем теле.

Пройдя в госпиталь, он не мог разобрать, что говорил ему Салазкин, не мог вникнуть в жалобы больных и, обессиленный, вернулся в аптеку.

— Я не могу сегодня, — сказал он фельдшеру, — вы уж как-нибудь устройте сами, Кузьма Никифорович.

— А кто может? — угрюмо отозвался Салазкин и прибавил: — Я, Глеб Степанович, совсем отсюда уйду. После такого случая...

Кротов протянул ему руку и крепко пожал ее.

Он вышел из тюрьмы и хотел объехать своих пациентов, но почувствовал полную невозможность сделать это и пошел домой. Почти в дверях его встретил Суров.

— Я тебя в окошко увидал. Ну, что?

— Утвердили, — тихо ответил Кротов, — всех.

Суров горько усмехнулся.

— Я был уверен в этом...

XIII

Кротов и все в доме так переволновались за время ожидания решения, что страшное известие ни на кого не произвело резкого впечатления, только Маня взглянула на отца с таким недоумением и ужасом, словно он сам и произнес и скрепил приговор.

Все в доме притихло. Суров ушел. Дети разошлись тотчас после чая по своим комнатам, и утомленный Кротов пошел спать, когда еще не было одиннадцати часов.

Он заснул быстро и крепко. Вдруг сквозь сон он услышал неясный говор; резкий свет ударил ему в глаза и он проснулся.

— Глеб Степанович, — резким шепотом окликала его жена, — проснись! За тобой из тюрьмы прислали!

— А? Что? Из тюрьмы? — Кротов сразу пришел в себя и приподнялся.

Кротов, как врач, привык к ночным тревогам и, уже совершенно бодрый, встал с кровати и начал поспешно одеваться, отвечая на тревожные вопросы жены.

Откуда он может знать, зачем его требуют?.. На казнь? Не может быть!

Он оделся, положил в карман часы и вышел.

При его входе в кухню, тюремный рассыльный Хряпов торопливо встал с табуретки и, зажав в руке папиросу, вытянулся по-военному.

— Ты не знаешь, что там такое?

— Не могу знать, ваше высокоблагородие, а только погнали экстрой, чтобы, говорит, чичас. Сам начальник. Тревога там...

— Ну, иди! Я сейчас!

Кротов осторожно прошел в кабинет, Суров не спал и сидел на диване, спустив голову на облокоченные руки. При входе Кротова, он поднял голову и взглянул на него тупым взглядом.

— Чего ты не спишь? — с нежным упреком сказал. Кротов.

— Так, — вяло ответил Суров, поднимаясь с дивана. — Ты куда это?

— В тюрьму. Прислали за чем-то...

— В тюрьму? — Суров сразу преобразился. Глаза его вспыхнули.

— На казнь?

— Не может быть, — ответил Кротов, идя в переднюю, — меня бы предупредили днем, да я и отказался.

Он оделся и, кивнув Сурову, вышел в переднюю.

Резкий холодный ветер рванул из-за угла и осыпал Кротова сухим снегом, который крутился вдоль всей улицы белой пылью.

Кротов поднял воротник, завернулся в свой енот и зашагал по улице. Рядом с ним появилась высокая фигура Хряпова. Они молча дошли до тюрьмы.

Двор, по обыкновению, был ярко освещен и свет, ударяя в высокую стену, скользил по ней кверху мутным красным отблеском, в отсвете которого маленькие темные окна казались черными дырами.

Сторож тотчас отворил калитку.

Кротов перешел двор, сбросил шубу на руки Хряпову и вошел в дежурную.

Действительно, что-то необычайное произошло в стенах тюрьмы.

Начальник с горячностью и раздражением говорил Виноградову, который был дежурным:

— Что вы говорите, обнявшись ехали. После этого их обыскивали! Дыра в стене! Вот! Дыра!.. Пробили, батенька, вот! А вы: "Обнявшись ехали". Всех вон! В три шеи! И старшую вон, и Клюшеву эту! Я их! А это наверное уголовные. Ну, да я узнаю!

Он обернулся, увидел Кротова и ухватил его под руку.

— Вас-то и надо! Скорей, скорей, идем! — и, потащив Кротова по коридорам, по дороге, он взволнованно заговорил:

— Подвели подлецы, не доглядели. Отравились. Оба... Да, да! Вот, батенька, Макаров и Холина! Вот! В разных концах, батенька, а? В стене дыра: кулак пролезет. Вот! Не иначе, уголовные. Я дознаюсь. Честовский у того, а вы, батенька, к ней. Сейчас Салазкин там. Спасите ее! В ножки поклонюсь, вот!

— Давно? — спросил Кротов.

— А шут их знает! Надзирательница, каналья, после смены увидела. В одиннадцать! А? Вот!

Они шли по коридорам, а надзиратель торопливо бежал перед ними и отворял одну дверь за другою. Кротов чувствовал, как у него замирает сердце от жгучей боли. Они спустились по лестнице в подвальный этаж. В конце коридора Кротов увидел свет, падающий из раскрытой камеры.

— Вон! — сказал начальник.

Корпусный офицер быстро подошел к ним.

— Жива еще! — сказал он.

— Ну, спасайте, батенька, — сказал Начальник, — велел во всём слушаться вас, как меня. Вот! А я побегу!

Начальник повернулся и торопливо пошел назад в сопровождении корпусного, а Кротов подошел к камере, из которой пахнуло на него тяжелым смрадным запахом грязной параши, переступил порог и остановился подле койки.

XIV

Освещенная холодным светом электрической лампочки с потолка, с грязными, исцарапанными, голыми стенами, с одиноко стоящим сосновым столиком, с раскрытой смердящей парашей, камера производила на Кротова гнетущее впечатление, а освещенное узкое окошко с черными прутьями железной решетки еще усиливало его.

— Откройте форточку, — тотчас приказал он.

Надзирательница поспешно придвинула табуретку, влезла на нее и, вытянувшись на носках, раскрыла форточку.

Струя морозного воздуха влилась в камеру.

Кротов перевел дыхание и нагнулся к больной. Салазкин почтительно отодвинулся.

Ноги девушки были прикрыты байковым платком, расстегнутая блуза обнажала полные плечи и высокую грудь. Девушка лежала навзничь, закинув голову, и распустившиеся волосы рассыпались по подушке и свешивались с койки. Тонкий нос заострился, на щеках горел лихорадочный румянец, полные губы были полуоткрыты и из них вылетало хриплое дыхание; широко раскрытые глаза смотрели неподвижно, и от расширенных зрачков казались совершенно черными.

Кротов взял ее руку и приложил ухо к груди.

— Все время так. Сначала без дыханья была, — тихо объяснил фельдшер.

— Чем отравилась?

— Надо быть, кокаином. Вон! — и он указал рукою на столик.

— Идите сейчас в госпиталь, — сказал Кротов, — и пришлите за ней носилки. А потом распорядитесь сделать ванну... Там есть у нас свободная камера. Скорее, голубчик!

Фельдшер вышел. Кротов подошел к столику. На столе стояла медная Кружка, а рядом с нею лежала деревянная ложка. И на столе, и на стенках кружки, и на ложке Кротов увидел рассыпанные, характерные своим строением мелкие кристаллы. Он попробовал на язык и тотчас почувствовал горечь.

Салазкин определил верно.

Кротов обратился к старшей с расспросами. Та с горячностью заговорила:

— Пошла, как обыкновенно, в середине смены проверку делать, заглянула, а она подле порошка и лежит. Ну, и вошла?

— А раньше не смотрели?

— Как не смотреть! После молитвы смотрели. Клюшева смотрела и удивлялась даже. Такая, говорит, веселая стала, а она и точно: по камере так-то скоро ходила, руками взмахивала и все говорила что-то. Смеялась, пела однова. Совсем здоровая...

Кротов оживился. Если 4 часа прошло и она еще дышит и слышен пульс — значит, спасти можно!

— А что нашли в камере? Рвало?

— Очень даже. Вся испачканная была. Ну, мы ее водою. Потом вытерли и на койку. Сам пришел, корпусный, дежурный. Трубочку железную нашли, а в стене дырка! — надзирательница показала рукой, и Кротов увидел в уровень с полом дыру в стене, величиною с кулак, словно прогрызенную мышью.

— Бельем закидано было, — сказала с раздражением старшая. — Теперь господин начальник меня винит, а я что? Я свою службу исполняю. Я у ей три обыска делала, а где ж это увидеть...

— А где трубочка? Большая?

— Нет, вроде как от лейки. Начальник себе взяли.

В это время по коридору раздались грузные шаги служителей, и они вошли в камеру, оставив у дверей носилки.

Кротов помог им поднять девушку и сам придержал ее голову.

— Кладите тише, так! — он прикрыл ее платком й шубой, которая висела на вешалке. — Несите, не встряхивайте. Скажите Кузьме Никифоровичу, что я сейчас буду.

Служители подняли носилки и пошли.

Кротов направился в кабинет начальника. Тот сидел за столом и с азартом говорил помощнику:

— Наверх, наверх! Ну, а там бы удавилась на волосах. Чего уж тут, а? Ну, что, батенька? — обратился он к Кротову. Будет жива?

— Ничего не могу ответить. У вас, сказывают, трубочка какая-то, в которой порошок был. Хочу вымерить.

— Есть, есть! — начальник открыл ящик стола и, вынув две жестяных трубки, протянул их Кротову. — Одна у нее, другая у него! Со двора через дыру. Вот как, батенька!

Кротов посмотрел их. Белой жести — одна с зелеными полосками, другая с красными. Узкий конец каждой из них был заткнут пробкою, а широкий был, вероятно, заложен бумагою или ватою. Как будто были взяты дешевые детские дудки, которые продают по пятаку на лотках, свисток сбит, а раструб неровно срезан ножницами.

— Я захвачу в аптеку. Вымерить.

— Пожалуйста. Только верните, батенька!

Кротов прошел в госпиталь.

Салазкин встретил его на площадке лестницы, и Кротов разглядел его взволнованное покрасневшее лицо.

— Все сделал, — сказал он глухо.

— Жива? — быстро спросил Кротов,

— Будто лучше стало, — ответил Салазкин и отвернулся.

Кротов торопливо вошел в аптеку.

— Если не велик прием, — сказал он, — можно будет спасти. Вымеряйте, сколько сюда кокаину войдет, а я к ней пройду.

Кротов передал трубку, взял шприц, флакон с эфиром и торопливо пошел в госпиталь.

XV

Кротов вошел в небольшую комнату, которая, хотя и была тоже одиночной камерой, и имела окно с решеткою, но не производила впечатления холодной угрюмости, как тюремная камера. Чистые белые стены, чистый накрытый клеенкою столик, мягкий свет электричества в матовой лампочке делали ее приветливой. Он подошел к постели.

Сиделка встала при его входе и отошла к двери.

— Не приходила в себя?

— Нет, все так же, Только дышит ровнее...

— Приподнимите ее, — сказал Кротов, — посадите и придержите.

Сиделка осторожно приподняла девушку и, обняв, держала ее. Голова девушки качнулась, и волосы волною упали на руки Кротова.

Он отвернул волосы, взял шприц и привычной рукою быстро произвел укол и впрыскиванье.

— Так, теперь опустите и можете идти. Я позову!

Сиделка нежно опустила девушку, поправила под ее головою подушку и неслышно вышла из комнаты.

Кротов сел на табуретке подле кровати и внимательно стал смотреть на свою пациентку.

Лицо ее побледнело и словно припухло, глаза были так же раскрыты и смотрели с тою же неподвижностью расширенными зрачками.

Кротов проникся жалостью к этому молодому существу, к этой умирающей жизни, и ревность врача возбуждала его.

Нет, не даст он погибнуть этой молодой жизни! Какие мускулы, какое свежее, крепкое тело, какое умное энергичное личико.

Он нагнулся, прислушиваясь к ее дыханию. Оно стало глубже.

В комнату на цыпочках вошел Салазкин и сказал вполголоса:

— Глеб Степанович, если полную насыпать, все 15 выходят. Ну, а если допустить, что бумагой забили, 10 уж наверное!

— Спасибо, отошлите трубку начальнику. Лучше сами снесите и побудьте в аптеке. Может, понадобитесь!

Фельдшер нагнулся и чуть слышно прошептал:

— А тот скончался. Людвиг Сигизмундович чертей так и сыпал. Теперь к начальнику пошел.

Кротов молча кивнул, не спуская глаз с лежащей перед ним. Ему показалось, что начинается реакция.

Фельдшер неслышно вышел.

Кротов торжественно улыбнулся.

— Она спасена! 10 граммов, но, ведь, она не Макаров. Тот, вероятно, съел все и остатки языком слизал, а она добрую половину рассыпала... возможность есть!..

Девушка вдруг заметалась и проговорила:

— Пить!

Кротов осторожно приподнял ее голову и поднес к ее губам кружку с водою.

Она жадно сделала несколько глотков и откинулась на подушку. Щеки ее окрасились; глаза закрылись и открылись снова уже с осмысленным выражением. Кротов ясно прочел в них сперва недоумение, потом тревогу.

Надо торопиться! Он взял в руки шприц и флакон с эфиром.

— Меня перевели в другую камеру? — вдруг спросила она, быстро поворачиваясь на бок. Глаза ее вспыхнули, щеки покраснели. — Кто вы? Доктор?

Кротов кивнул и, оставив флакон с эфиром, взял девушку за руку.

— Да, я доктор; вы — больная и у меня в госпитале.

Она резко отдернула руку и сказала:

— А! Так вы меня спасаете?

Кротов опять кивнул и снова хотел взять ее руку, но она отодвинулась к стене и ее глаза вспыхнули презреньем.

— Спасаете! для палача... вам велели?

Кротов отшатнулся, словно его ударили в лицо, шприц со звоном упал на пол и разбился.

Мысли в беспорядочном вихре закружились в голове.

О чем он думал? Как это не пришло ему в голову? Долг врача — спасти жизнь, но не для казни! Такого долга не может быть, никто не может предъявить ему такого требования... Вместо смерти на постели, здесь, подле него, — смерть под перекладиной в сером мешке!..

Он развязал галстук, расстегнул ворот рубашки, а девушка возбужденно говорила:

— Вы должны это сделать, как доктор, тюремный доктор... Что же? Я мало приняла, что ли? Или скоро открыли, успели помочь...

В голосе ее послышалось страданье. Она опустила руки и прошептала совсем тихо:

— И меня повесят... Ну, что же...

Кротов быстро нагнулся над ее бледным лицом.

— Нет, — сказал он, — этого не будет! Я... я... не отдам вас палачу!

Она схватила его руку и улыбка озарила ее лицо.

— Правда? Я умру? Здесь... — и в голосе ее послышалась неподдельная радость.

Кротов не был в силах ответить ей, только кивнул.

— Спасибо вам! Я знаю, — она сердито нахмурила тонкие

брови, — я торопилась, я много просыпала... Но за мной так следили...

— Доктор, а он? — вдруг спросила она и впилась в лицо Кротова глазами.

Он понял ее вопрос и ответил:

— Он уже умер...

Кротову показалось, что она засмеялась... Да, ее губы улыбались, а из глаз катились частые, крупные слезы.

— О! Он-то, я знаю, — не просыпал, — с гордостью сказала она, и в изнеможении откинулась на подушку...

Лицо ее осунулось; она заметалась.

Кротов взял ее руку. Пульс бился учащенно, потом замирал и снова бешено бился.

— Молодец Костя! — вдруг сказала она, — мой светлый... мой милый... Ты говорил, что, умирая, надо показать, как умирать надо. И показал!..

Она заметалась и начала говорить шепотом.

Кротов отер с ее лица пот, потом вытер свое лицо. Теперь уже переход "туда". Она бредит и счастлива.

— Да, да! Мы уедем... только времени мало, — шептала она, — здесь хлопочут. За нами он... он следит! Они на каторгу нас, а мы в Лондон... хорошо... мы еще поживем... Папа, папа, ты любишь меня, да? Зачем ты грустный? Ты и его полюбишь, да? И все вместе... Прочь! вы не смеете прикасаться ко мне... Здесь не застенок...

Она очнулась и раскрыла глаза, тяжело переводя дух.

— Пить!

Кротов подал ей кружку.

Девушка глотнула и потом прошептала:

— Волоса... отрежьте... папе... пожалуйста... он... — и опять заметалась.

Кротов нагнулся над нею.

Она вздрогнула, голова ее судорожно метнулась, в горле заклокотало.

— Кончается, — тихо сказана сиделка, стоя на пороге комнаты и крестясь.

— Все! — произнес Кротов, и, сложив руки на груди

девушки, поправил ее скатившуюся голову и осторожно поцеловал в лоб.

— Принесите ножницы, — сказал он сиделке.

Она принесла и с удивлением увидела, как доктор отрезал у покойницы прядь волос и бережно завернул их в носовой платок.

Потом он вышел в аптеку и сказал фельдшеру:

— Все, Кузьма Никифорович, — скончалась!

Тот широко перекрестился.

— Слава Господу, — проговорил он дрогнувшим голосом, — без надругания! Сама!

Кротов спустился в главный корпус и вошел в дежурную комнату. Виноградов с шашкой через плечо, не снимая фуражки, лежал на диване и громко храпел.

Кротов присел к своему столу, засветил лампочку и дрожащей рукою составил рапорт о смерти политической осужденной Холиной, происшедшей от паралича дыхательных органов, вследствие приема кокаина в количестве до 10 граммов.

Потом он встал и растолкал Виноградова. Тот сразу проснулся и вскочил на ноги.

— Фу! Напутали! Ну, что?

— Умерла!

— И эта! Запишем. В котором часу? — он подошел к столу п нагнулся над листом бумаги, взяв перо.

— В 4 с половиною. Я составил рапорт. У меня на столе.

— Отлично. А тот в 4 ровно. Чисто, как гусарская шпора... Фу, изморился за ночь! — он подал Кротову руку и снова улегся на диване.

Кротов оделся и вышел. На дворе с ним встретился начальник. Он только что вышел из своей квартиры, направляясь в тюрьму, и остановил Кротова.

— Ну, что, батенька, спасли?

Кротов ответил.

— Вот! — сказал начальник, — оба! Понятно, будет история... А я что? Что я мог?

— Спокойной ночи, — произнес Кротов.

— Идите? Устали? — начальник на мгновенье задержал его руку и тихо сказал ему:

— А я доволен! Да! По человечеству... для палача еще двое остались, вот!.. Эх, если бы не два года до пенсии! — круто окончил он и, пожав Кротову руку, пошел назад к своей квартире.

XVI

Метель, разыгравшаяся ночью, теперь стихла, но снег продолжал падать белыми хлопьями. Погода потеплела. Кротов с трудом переставлял ноги по глубокому снегу, то и дело падая в сугробы. Ему стало жарко, но он не замечал этого, весь поглощенный переживанием последних часов. На его глазах снова и снова и умирала девушка, радуясь своей смерти. Он не разбирался в своих мыслях и только чувствовал томительную, как зубная боль, скорбь да мгновениями, словно заревом пожара, мысли его вдруг освещались непримиримой злобой и жаждой мести. Тогда он останавливался на дороге и с изумлением переводил дыхание, — так были чужды ему эти чувства.

Вдруг кто-то тронул его плечо.

Он обернулся. Подле него стоял весь засыпанный снегом Суров.

— Ты здесь? Отчего не спишь?

— Что ты там делал так долго? Что случилось? — глухо спросил Суров.

— Отравились оба, — тихо ответил Кротов.

— Умерли?..

— Да...

— Он?.. Оба?.. И она?.. — голос Сурова вздрагивал и прерывался.

— Оба... сперва он, недавно она! — и Кротов устало сказал: — Ах, Виктор, как это ужасно!..

108

Суров презрительно передернул плечами и снова спросил:

— Ты, наверное, знаешь, что и она?

— Господи, да я при ней был до последней минуты. Руки ей сложил, в лоб поцеловал... В мертвый лоб, — тихо прибавил он и окончил: — и она умерла спокойно, в чистой постели, в чистом белье...

Суров круто повернулся от него, но тотчас обернулся опять.

— Спасибо тебе за все, — сказал он глухо, протягивая руку, — и прощай!

Кротов ухватил его за плечо.

— Постой, куда же ты? Как же это? А с моими...

— Поклонись им. А тут поезд скоро. Ночной... я с ним...

— Стой же, а деньги? Вещи?

— А, деньги! Ну, пойдем, скорее только, — и он, засунув руки в рукава, подняв плечи, молча пошел рядом с Кротовым.

Они дошли до дома, перешли двор и через кухню прошли в квартиру. Кротов вошел в кабинет и зажег свечу. Горничная, светившая им кухонной лампой, ушла.

— Я раздеваться не буду, — сказал Суров, сбрасывая галоши и расстегнув башлык.

Он вошел в кабинет, сел и тотчас закурил. Папироса прыгала в его пальцах, пока он подносил ее к свечке, и вздрагивала в его губах.

Кротов достал из ящика пакет и положил его подле Сурова.

— Сосчитай... ты брал два раза.

Суров молча кивнул, сосредоточенно торопливо глотая дым. Потом встал и вдруг обратился к Кротову:

— Глеб, ты сказал — она при тебе умерла!

Кротов услышал дрогнувший голос и увидел бледное, как бумага, лицо с тоскливым взглядом.

Он кивнул и прибавил:

— Я не решился ее спасать... зачем?

Суров с трудом перевел дыхание.

— Да, да, это хорошо!.. Глеб, она тяжело помирала?

Бредила, поминала кого-нибудь?.. А?.. Отца поминала? — чуть слышно проговорил Суров.

— Да!.. — Кротов понизил голос до шепота, — и просила ему волосы передать... я отрезал... а где он?..

— Где волосы? Покажи!.. передам...

— Вот...

Кротов бережно вынул платок и осторожно развернул его.

Суров жадно схватил прядь волнистых волос.

— Ее... она... Маруська моя, Маруська!.. — вдруг вырвалось у него из груди с хриплым клокотом. Он прижал волоса к лицу и ничком упал на диван. Плечи его вздрагивали. Он всхлипывал и хрипло переводил дыхание.

Кротов на мгновение остолбенел. Потом мысли его вдруг прояснели. Как же он не сообразил этого сразу...

Его приезд, волнения, Маруся... и дудки эти...

Он тихо опустился на колени подле своего товарища, пораженный и уничтоженный. Он обнимал его, гладил по голове, говорил бессвязные ласковые слова, и слезы неудержимо текли по его щекам.

Суров, не поднимая головы, рыдал и отрывочно говорил:

— Разве можно было допустить это... думали, каторга... и вот... помог убежать... Маруська моя... девочка моя... успокоилась...

Потом он смолк и только вздрагивали его плечи.

В комнате наступила торжественная тишина.

Суров совсем утих, медленно поднялся, вытер рукою лицо и, подойдя к столу, аккуратно завернул в тот же платок волосы и, расстегнув пальто, положил их в карман пиджака.

— Я их с собой возьму... к Кольке... — глухо сказал он. Потом он взял пакет с деньгами, сунул его в карман брюк, застегнул пальто на все пуговицы и обернулся к Кротову.

— Ну, прощай, — он обнял его и они поцеловались. — За все спасибо. А за это — без меры! — уже овладев собою, сказал он и прошел в переднюю.

Кротов машинально взял свечу и вышел за ним. Он надел галоши и завязал башлык.

— Чемодан прислуге отдай. Пусть поделят... ну, прощай!

Он кивнул Кротову и быстро вышел в сени.

Кротов молча проводил его. Что он мог сказать этому человеку?..

Снег падал снова сплошною белою завесою. Суров сошел с крыльца; силуэт его мелькнул на мгновенье и скрылся в белой мгле падающего снега, который, как саваном, покрывал дома и улицы.

XVII

Тусклый рассвет зимнего утра пробился сквозь шторы, и побледнело пламя свечи, а Кротов все еще сидел за своим письменным столом.

Перед ним лежал лист бумаги с написанным прошением об отставке.

— Да! бывают моменты, когда человек прежде всего должен себе выяснить, правильно ли понимает он свой долг!..

0x01 graphic

Пройдут десять, пятнадцать, двадцать и более лет. Умрут Кротовы, а дети их долго еще будут рассказывать своим детям и близким знакомым про старого товарища их отца, который своими собственными рукам помог родной дочери умереть, чтобы избавить ее от услуги палача...

Пройдут еще года, и уже их дети станут повторять этот рассказ и, с течением времени, он обратится в легенду, которая, быть может, вдохновит поэта своей чудовищной правдой...

ПРИКЛЮЧЕНИЕ

I

Павел Петрович Сивачев поставил на примус чайник и, сев у открытого окошка, взял со столика полевой бинокль Цейса, который он получил в награду на службе и Красной армии во время гражданской войны.

Примус гудел, словно грозил взрывом, за стеной соседка неутомимо стучала швейной машиной, а Сивачев, приложив бинокль к глазам, водил им вправо и влево, вверх и вниз, и перед ним, как в кинематографе, мелькали кадры беспрерывно меняющейся картины, которую можно было бы назвать "жизнью без прикрас".

Некоторые комнаты вставали перед Сивачевым так близко, что он совершенно ясно различал в них и предметы, и людей; некоторые были отдалении, а когда он отнял бинокль от глаз, все смешалось в сером однообразии каменных зданий и каждый дом, квартира, комната ревниво скрывали свои тайны.

Сивачев снова приложил бинокль к глазам и стал переводить его от окна к окну, от здания к зданию. И вдруг перед ним встала высокая стена дома, которой раньше он никогда не видел. В пять этажей, почерневшая от времени, с резкими трещинами, она имела только три несимметрично расположенные окна, из которых два были заколочены и казались темными пятнами, а третье, в пятом этаже, открыто. И то, что увидел Сивачев в этом окне, приковало его внимание.

У окна стоял человек в белой рубашке с ермолкой на голове. Бритое, энергичное лицо его с острым носом и плотно сжатыми губами показалось Сивачеву полным напряженного ожидания. Подле него на подоконнике стояли какие-то приборы. Сивачев оглядел комнату и она показалась ему не то мастерской, не то физическим кабинетом.

Он снова перевел бинокль на человека.

Очевидно тот чего-то ждал. Взгляд его был направлен перед собой в пространство.

Вдруг лицо человека осветилось улыбкой. Он слегка отодвинулся в глубь комнаты, и Сивачев в изумлении замер. Только теперь он заметил у наружного края окна три видимо железных прута, к которым словно плыли сейчас по воздуху три светящиеся шара; они вспыхнули на концах прутьев тремя бледными огоньками и исчезли.

Стоящий у окна человек засмеялся, перегнулся вперед, отвинтил один за другим три прута и положил их на стол, после чего убрал с подоконника приборы и закрыл окно. Сивачев опустил бинокль.

Что бы это было?..

II

На другой день, едва проснувшись, Сивачев встал с постели и подошел к окну, желая взглянуть на окошко в глухой стене. Перед ним на далекое пространство, словно сбившееся стадо, теснились дома, за ними темной стальной полосой сверкала Нева, дальше, сливаясь в серую каменную массу, опять тянулись дома. Сивачев тщетно искал в этом хаосе нужные ему окно и стену; наконец взял бинокль.

Он водил им по всем направлениям и вдруг в широком просвете двух домов увидел темную стену в трещинах и три разбросанные по ней окна.

Он внимательно стал разглядывать и стену, и окна, и окружающие дома.

Очевидно стена эта раньше выходила на двор соседнего дома, но дом этот разрушился, от него остались только гребень обвалившейся стены да куча мусора, и стена вышла наружу, не заслоненная домами. На ней были видны трещины, которые казались рассеченными ранами. Два окна были забиты с внутренней стороны досками, а третье, на высоте пятого этажа, было занавешено.

Сивачев отложил бинокль, умылся, съел свой обычный завтрак и вышел на работу.

Он был физкультурник. Занятий в школах летом не было и он занимался на двух спорт-площадках и кроме того давал уроки плавания.

Он любил свое дело. Напряжение. мускулов, быстрая циркуляция крови, сознание своей силы доставляли ему бодрую радость.

Вечером, вернувшись с работы, Сивачев снова сел к раскрытому окну, взял бинокль и сразу направил его на заинтересовавшую его стену.

Верхнее окно было, как вчера, раскрыто настежь. На его подоконнике стояли какие-то приборы и подле них человек в ермолке.

Он что-то делал подле одного прибора, который представлял собой блестящий цилиндр, лежащий на двух подставках. Позади цилиндра тянулись черные шнурки, может быть провода, а спереди выдвигался прут с шариком на конце.

Человек в ермолке расправил шнуры и отошел в глубину комнаты, но через минуту снова вернулся к окну.

И почти тотчас же от шара, которым оканчивался прут прибора, отделился светящийся голубоватым светом шар и поплыл из окна по воздуху. За ним другой и третий.

Сивачев направил на них бинокль. Эго было удивительное явление. Размером с мячик для игры в пинг-понг шары быстро двигались в воздухе, то опускаясь, то поднимаясь, и в светлых сумерках июньского вечера светились нежным голубым светом.

Сивачев следил за ними, пока они не скрылись за домами, потом перевел бинокль на окно.

Человек в ермолке, высунувшись вперед, пристраивал к наружному краю окна третий прут и, прикрепив его, отодвинулся к своим приборам.

Сивачев увидел, как он отцепил от цилиндра черные шнурки, потом от другого прибора взял белые провода и протянул их к прутьям, после чего стал поворачивать ручку на крышке другого прибора, напряженно смотря перед собой.

Сивачев в такой же момент увидел его вчера в первый раз и теперь ждал, что вот снова поплывут светящееся шарики, приткнутся к концам прутьев и, вспыхнув, погаснут.

Так и случилось. Три шара появились в воздухе перед окном, засветились, коснувшись металла прутьев, и исчезли.

Человек в ермолке отвинтил прутья, бросил их на стол и, убрав приборы, закрыл окно.

III

Из вечера в вечер Сивачев смотрел на одинокое окно, светящееся на фоне черной стены, и из вечера в вечер человек в ермолке выпускал светящиеся шарики и они, совершив какое-то путешествие, возвращались назад и угасали на концах прутьев.

Что это за шарики, что это за человек, при каких опытах присутствовал Сивачев?

Он решил найти этот дом, узнать, кто живет за этим окошком и что он делает.

Но это оказалось не легко. С помощью компаса Сивачев определил направление, в каком находилось от него окошко. Затем достал план и от своего окна по румбу компаса провел прямую. Она пересекла ряд улиц, площадей и переулков и прошла далеко через Балтийский вокзал к взморью.

Сивачев отметил ближайшие улицы и переулки и в одно из воскресений отравился на поиски.

Он пересек Проспект 25 Октября, вышел на Ул. Марата и потерял нить.

Вернулся он домой раздраженный неудачей и все последующие дни с досадой думал, как иное, с виду пустое дело оказывается трудным при выполнении.

В следующее воскресенье он не мог заняться своими

поисками, потому что обещал приехать к своему знакомому на дачу, но мысли его неотвязно обращались к человеку в ермолке и его занятиям.

Он застал Гришиных за обедом на террасе с почерневшими от времени перилами, с дырявым, прогнившим навесом на четырех столбах.

За столом теснясь сидели Гришины — муж, жена и дочь и их соседи по даче — Хрущов с женой.

Гришин увидал Сивачева, когда тот открывал калитку палисадника, выскочил из-за стола, скатился по трем ступенькам и весело закричал:

— А наконец-то! Как раз к обеду. Ходите, ходите!

Глаза его смеялись, губы улыбались и, схватив Сивачева за руку, он потащил его на террасу.

— Вот он, наш общий друг, прыгун, скакун, бегун, плакун... ха-ха-ха! — засмеялся он, считая себя остряком и балагуром.

Сивачев, здороваясь, обошел всех сидящих.

— Садитесь, садитесь! — суетился Гришин. — Аничка, наливай ему окрошки.

После обеда все пошли в парк, а вечером сидели на террасе и разговаривали.

— Вот и наше житьишко, — сказал Гришин, — мы снимаем две комнаты, а они, — указал он на Хрущовых — одну. Не то, что прежде, когда у меня бы по пять комнат, но все-таки дача, и знаешь, мне кажется, что теперь стало лучше. Упростилась жизнь. Нет, знаете, этих фасонов. Все просто и ясно.

— Ну, не все, — отозвался Хрущов, — вот хотя бы с нами случай. Положим, случай так сказать из мира физического, но не простой и не ясный.

— С вами? А вы и не говорили... Расскажите, Степан Кириллович.

— Ну, если хотите, так расскажу. Случилось это примерно за неделю до переезда сюда. Вечером было, часов в одиннадцать. Сидим мы с ней, — он кивну на жену, — в гостиной и молчим. Я курю, она так сидит. Огня не зажигаем. Совсем светло. Читать нельзя, а все видно. День был жаркий, а

116

тут в раскрытое окошко вечерней прохладой веет... хорошо! Курю я и ни о чем не думаю. Вдруг жена говорит и словно с испугом: "Смотри, Стива", и на окно указывает. Я взглянул и, признаться, тоже струсил. Вообразите, по воздуху в белых сумерках плывет небольшой шарик. Так величиной с абрикос. И весь он светится голубоватым светом.

Сивачев при этих словах чуть не подскочил.

— Ну? — сказал он.

Хрущов повернулся к нему и продолжал:

— Сидим мы с ней как зачарованные, а шарик прямо к нам в окошко плывет. Описал по комнате вроде круга, вылетел опять в окно и поплыл прочь. Я очнулся и закрыл окно. И вот что удивительно. Зрелище, могу сказать, восхитительное, а мы замерли в непонятном страхе и шевельнуться боялись.

— Я чуть не умерла. Захватило сердце... — сказала жена Хрущова.

— Что же это было? — спросил Сивачев.

Хрущов пожал плечами.

— Вот здесь-то и оказалось чудо. Чудо инстинкта. После я узнал, что это была шарообразная молния. Бывает такая. Говорят, что, если бы она разорвалась, нас разнесло бы на кусочки. И вот, хотя мы не знали, что это за штука, мы испытали смертельный страх.

— Вы говорите, шарообразная молния? — спросил Сивачев.

Хрущов утвердительно кивнул головой.

— Чудеса! — воскликнул Гришин.

Сивачев встал.

— Пора и на поезд.

Он стал прощаться и сказал Хрущову:

— Вы меня ужасно заинтересовали своим рассказом. Позвольте мне посетить вас, чтобы увидеть так сказать место происшествия.

— Сделайте одолжение. Буду очень рад. По вечерам всегда дома, кроме субботы и воскресенья. Сюда приезжаю, — ответил Хрущов и дал свой адрес.

Сивачев простился и пошел на вокзал.

Сивачев волновался всю ночь и весь следующий день. Шарообразная молния. Что это за штука? Надо непременно узнать о ней все, что можно. Может быть это имеет связь с его наблюдениями.

Быстрый на решения Сивачев в тот же вечер пошел к Сергею Семеновичу Барсукову.

Этот Барсуков преподавал естествознание в трудовой школе, где Сивачев давал уроки гимнастики. Сивачев слышал про него, что он — спец по физике. Куда-то готовится и что-то пишет.

Барсуков сам открыл Сивачеву дверь.

— Ба! Кого я вижу! Какими ветрами занесло? — радушно приветствовал он гостя.

— Я к вам по делу, — ответил Сивачев, пожимая руку Барсукова, — может и смешному, но по делу.

— Отлично! Проходите налево. Я сейчас.

Он стал запирать входную дверь, а Сивачев вошел в небольшую комнату.

— Ну, садитесь, — сказал входя Барсуков.

Он указал Сивачеву на кресло, сел напротив, закурил и сказал:

— Ну, я слушаю вас.

— Я вас буду слушать, — засмеялся Сивачев и без всяких оговорок спросил: — Что вы знаете о шарообразной молнии?

Барсуков с удивлением посмотрел на него, но, увидев напряженное внимание, с которым ждал Сивачев ответа, заговорил:

— Очень немного знаю. Это — один из видов грозовых явлений. Есть молнии расплывчатые. Вы их видели сто раз. В просторечии — зарницы. Грома не слышно, а только вспышки. Потом — линейные. Это когда с треском прорезываются тучи и молния сверкает зигзагами. Самое обыкновенное явление. И третий вид — шарообразная молния. Это — тихий и странный разряд электричества, когда грозовая туча близко к земле и воздух насыщен влагой. Вероятно благодаря влажности электричество как бы капсулируется в шар и висит в воздухе, плывя в нем. Если происходит разряд, то он бывает обычно разрушительной силы. У нас это явление встречается редко, но его можно видеть на Кавказе, а чаще всего оно наблюдается в тропических странах. Ну, что еще? Внешне молния эта представляет собою шар, светящийся красным или синим цветами. Размер шара различный. Чаще бывает с бильярдный шар, но бывает и с голову.

Он замолчал. Сивачев кивнул головой.

— Спасибо! И еще вопрос: можно эту молнию получить искусственно? Ведь линейную молнию можно кажется видеть при разряде лейденской банки или между кондукторами электрической машины?

— Совершенно верно, — ответил Барсуков, — этим вопросом интересовался физик Плантэ. Он брал два намоченных в воде картона; один помещал на подставках, другой подвешивал над первым на расстоянии 40-50 сантиметров. Картоны он соединял с противоположными полюсами батареи аккумуляторов в несколько тысяч вольт и получал небольшой светящийся шарик, который потом разрывался с сильным треском.

— Благодарю вас, — сказал Сивачев, — очень, очень благодарен! Я знал, что вы мне объясните.

Барсуков улыбнулся.

— Пустяки... А зачем вам понадобились эти сведения?

— Пока это мой секрет. Глупость! Но после я вам скажу. Скажу непременно. Вы позволите зайти к вам еще раз?

— Сделайте одолжение. Всегда рад!

V

На следующий вечер Сивачев пошел к Хрущову.

Квартира Хрущовых состояла из трех комнат: прямо из

передней — маленькая гостиная, где стоял и письменный стол хозяина; за ней — маленькая столовая с буфетом и книжным шкафом, а за столовой — видимо спальная.

Хрущов сидел в столовой и пил пиво. Он открыл дверь, радушно поздоровался и провел Сивачева в столовую.

— Рад вашему приходу. Скучища адова. Угощайтесь!

Он подвинул Сивачеву стакан, но Сивачев отказался.

Хрущов засмеялся.

— Я и забыл, что вы физкультурник. Чем же вас поштовать? Чаем, что ли?

Он захлопал в ладоши.

На этот сигнал из внутренней двери высунулась растрепанная грузная старуха и прошамкала:

— Чего тебе?

— Ставь самовар и давай нам чаю!

— Не утерпел, — заговорил Сивачев, — очень хотелось видеть всю обстановку пережитого вами случая и снова выслушать ваш удивительный рассказ.

— А, пожалуйста. Я очень рад! Вон там и было.

Хрущов поднялся и со стаканом в руке прошел в гостиную. Налево от двери было раскрытое окно, в углу направо — изразцовая печка и рядом с ней — пианино.

— Вот я здесь сидел, — объяснил Хрущов, опускаясь в кресло подле двери, — а жена — там. Сядьте туда, — и он указал на глубокое кресло между печкой и пианино.

Сивачев сел и очутился против раскрытого окна.

Хрущов стал рассказывать сиповатым, монотонным голосом. Сивачев смотрел со своего места в окно.

Хрущовы жили в третьем этаже, но, несмотря на это, ничто не заслоняло вида из окошка, и Сивачев видел развалины домов, груды щебня, какой-то садик и наконец Семеновский плац, а за ним сбоку — стройную колокольню церкви Мирония.

Он обратил взгляд налево и вдруг замер.

Перед ним за несколькими рядами низких полуразрушенных домов встала потемневшая стена с трещинами, два черных пятна от заколоченных окон и высоко, в пятом этаже, раскрытое настежь освещенное одинокое окошко.

Сивачев как зачарованный не мог отвести от стены глаз.

— Чего это вы так уставились? — спросил Хрущов, прерывая рассказ.

— Удивительный у вас вид... Почти центр города, всего третий этаж, а так далеко видно.

— Кругом дома были, да рассыпались.

— У вас есть бинокль? — неожиданно спросил Сивачев.

— Театральный...

— Все равно... Я так... посмотреть...

— Пожалуйста.

Хрущов принес бинокль и сам ушел в столовую, где зазвенела посуда, а Сивачев поднял бинокль к глазам и стал смотреть.

Да! Это — то самое окно и в нем человек в ермолке. И теперь совсем ясно виден.

— Ну, налюбовались? Пожалуйте чайку выпить.

Сивачев встал и положил бинокль на пианино.

В столовой на столе кипел самовар и на сковороде шипела яичница.

— Вот у меня какая старуха! — сказал Хрущов. — Садитесь и кушайте...

Сивачев торопливо выпил стакан чаю и поднялся.

— Не сочтите меня назойливым, но позвольте притти к вам завтра, — сказал он, прощаясь с хозяином.

— Да хоть каждый вечер, я только рад.

— Благодарю вас! Так я забегу завтра.

VI

Придя домой, Сивачев прежде чем лечь спать взял план Ленинграда и красным карандашом отметил на нем дом, в котором жили Хрущовы.

Теперь эта стена с трещинами будет найдена без' ошибки, сразу.

С этой мыслью он лег в постель, а засыпая думал, что узнает, кто такой этот человек в ермолке и что он делает.

На другой вечер он взял с собой компас, бинокль и отправился к Хрущову.

Было девять часов.

— Отлично! — приветствовал его Хрущов. — Ба, да у вас бинокль с собой? Знатная штука. Хоть астрономией занимайся... — Хрущов взял бинокль и стал его разглядывать. — Эге! "За боевые заслуги". Вроде золотого оружия. Это за что же?

— Так, маленькое дело было, — скромно ответил Сивачев и подошел к окну.

— Ну, наблюдайте, — добродушно сказал Хрущов, — а, я на кухню загляну.

Он ушел, а Сивачев тотчас вынул компас, установил его и, глядя на стену, которую видно было простым глазом, определил по румбу направление линии от окошка до стены. Он записал отметку и спрятал компас, затем ушел в глубину комнаты, сел в кресло, на котором сидел вчера, и направил бинокль на знакомое окошко.

Оно встало перед ним словно в двух шагах. На подоконнике стояли уже приборы и над ними возился человек в ермолке.

Сивачев подробно разглядел его. Это был высокий, сутулый, полный мужчина лет сорока. Энергичное, умное лицо с резким профилем и высоким лбом сразу запоминалось.

Голова его на затылке была закрыта шелковой черной ермолкой, отчего резче выделялись широкий лоб и густые брови.

Он видимо только что установил свои приборы на подоконник, и Сивачев увидел какие-то медные поверхности и провода.

— Батюшки, да вы словно двойные звезды наблюдаете, — проговорил подле него Хрущов.

Сивачев отнял от глаз свой бинокль и сказал:

— Интереснее. Возьмите, Степан Кириллович, бинокль и сядьте у окошка. Сами увидите.

— А, ну! — Хрущов взял бинокль и подошел к окну. — Куда смотреть надо?

— Станьте немного левее, чтобы я мог видеть. Теперь смотрите направо. Видите кирпичную стену, а в ней три окна?

— Вижу. В трещинах...

— Вот! Два окна забиты, а третье светится.

— Вижу. В нем человек в ермолке.

— Он самый. А теперь следите, что он делает.

Сивачев замолчал. Молчал и Хрущов, и оба они следили за человеком в ермолке.

Сивачев знал, что произойдет дальше, но Хрущов вскрикнул от удивления, когда увидел, как три слабо мерцающих голубоватых шарика один за другим поплыли по воздуху.

— Да ведь это шарообразная молния!

— Она самая. Такая же и к вам в окно залетела.

— Ах, мать честная!..

Сивачев встал.

— Завтра увидите то же самое, — сказал он, — теперь этот человек как-то вернет назад эти шары. Они приплывут к окну и исчезнут.

Он взял бинокль, взглянул и остановился.

— Постойте! Что-то новое...

Хрущов схватил театральный бинокль и подошел к окну. Сивачев увидел, что вместо того, чтобы обратиться к другой машине и установить за окном прутья, человек в ермолке стоял у окна с подзорной трубой и внимательно смотрел в ту сторону, куда уплыли шарики, потом передвинул свою машину, повернул на ней ручку и снова стал смотреть в трубу. И вдруг Сивачев увидел, что труба прямо направлена на их окно.

Сивачеву стало жутко. Он опустил бинокль, а Хрущов помахал рукой, положил бинокль на подоконник и смеясь сказал:

— Я ему ручкой сделал. Интересный случай, но неприятно все-таки попадаться с поличным... Идемте.

Они прошли в столовую, где уже стоял самовар.

— Я его уже давно наблюдаю, — сказал Сивачев. — Как вы рассказали про эту молнию, я сейчас же сообразил. И вот видали?

— Интересно, очень интересно.

— Как вы думаете, что это такое?

— Вероятно ученый какой-нибудь. Делает опыты. Теперь будем его наблюдать. Вот мне и развлечение.

— А я хочу разыскать его.

— Что ж, познакомиться с таким любопытно.

Сивачев собрался уходить.

— Меня-то не забывайте, — говорил Хрущов. — Приходите, вместе смотреть будем, а потом ужинать. Старуха вареники с черникой сделает — язык проглотите.

Он проводил Сивачева до дверей и дружески простился с ним.

Сивачев вернулся домой и тотчас взял план Ленинграда и линейку. Сверившись с записью, он точно уложил линейку по румбу компаса и провел линию от дома, где жил Хрущов. Новая линия пересекла проведенную раньше под острым углом.

Сивачев взглянул на точку пересечения. Она находилась на Глазовой улице.

VII

Утром, взяв с собой обычный чемоданчик с необходимым туалетом, Сивачев поехал к Крестовскому мосту на урок плавания. День был необыкновенно жаркий и Сивачев был рад поплескаться в воде.

Река уже была полна купающимися. Трое из плавающих тотчас вышли на берег, чтобы помогать Сивачеву, так как были лучшими пловцами и готовились в инструкторы. Один из них, парень лет двадцати, с широким, добродушным лицом, с плечами, грудью и руками, словно выкованными из железа, обратился к нему:

— Я, Павел Петрович, покупался только, а помогать вам не буду.

— Это почему, товарищ Груздев?

— Уморился за ночь. На пожаре был.

— На пожаре? Где?

— За Невской заставой, на фанерной фабрике. Часов в десять загорелось, а к девяти утра только-только огонь сбили. Как полыхало — и сказать нельзя! Я там всю ночь и суетился.

Сивачев вздрогнул.

— В десять часов говорите? За Невской заставой?

Груздев кивнул.

Мысли вихрем закружились в голове Сивачева.

"Человек в ермолке. Примерно в десять часов вылетели его шарики... и не вернулись... и он смотрел в трубу в ту сторону. Да! В ту сторону. Но может быть это простое совпадение?"

— Это имени Ногина?

— Она самая.

Сивачев кивнул и вошел в воду. Ему необходимо было успокоиться, притти в себя.

Он нырнул, поплыл на груди, потом на спине, стоя. Ученики следили за его движениями, а он думал.

"Надо разузнать на месте. На этой фабрике он занимался физкультурой и с секретарем коллектива он был в дружеских отношениях. Надо съездить туда и все узнать, что можно. Непременно сегодня же!"

Он вышел из воды и накинул на плечи халат.

Время прошло быстро, урок кончился.

Сивачев вытерся, оделся, схватил чемоданчик и торопливо двинулся в путь.

Трамвай номер двенадцать, потом номер семь. Минут через сорок Сивачев уже подходил к фабрике.

Следы пожара видны были сразу, да и на самой фабрике еще оставалась дежурная часть, зорко следя, не покажется ли где незатушенный огонь. Кругом валялись обгорелые доски и балки, листы железа, битые стекла. Земля была пропитана водой и везде стояли лужи.

Сивачев вошел в правление и знакомой дорогой прошел в комнату коллектива партии.

Секретарь Кумачев, усталый и сразу постаревший, приветливо поздоровался и сказал:

— Какими судьбами?

Сивачев сел и поставил чемоданчик подле себя.

— Да вот про пожар услыхал и решил заехать.

— Погорели, как есть. Штабели досок сгорели и склад. Еле-еле главный корпус отстояли. А как горело! — он махнул рукой.

— А почему загорелось?

— Причина одна — огонь, а откуда он взялся — неизвестно. Думай, что хочешь. Главное, сразу загорелось — и доски и склад. Склад весь закрытый, кирпич да железо. А доски — на дворе. Сторожа если? Народ честный, трезвый...

— Слушай, — сказал Сивачев, — будь друг, пойдем — посмотрим...

Кумачев встал и бросил папиросу.

Они вышли на двор, на котором стояли отдельные корпуса фабрики.

В углу двора на огромной площади чернели груды угля, залитые водой.

— Вот это все, что от досок осталось, — сказал Кумачев. — Костер! Подойти нельзя было. А склад — во!

Он показал на здание в другом конце двора. Оно стояло с закоптелыми стенами, со снятой крышей, с выбитыми стеклами.

— Много добра пропало!

Они вошли в корпус. На земле стояли лужи черной от угля воды, по сторонам высились четыре стены и над ними синее небо.

Сивачев стал осматриваться и вдруг нагнулся: на земле лежал кусок железа необычайной формы.

— Что это?

126

Кумачев посмотрел и сказал:

— Вот жар какой! Надо думать, это кусок рамы от окна. Видишь, железо и то сплавилось.

— Я возьму, — сказал Сивачев.

— Бери. Такого добра не жалко!

Назойливые мысли мелькали в голове Сивачева.

— Ты не думаешь, что тут поджог? — спросил он.

Кумачев дернул головой.

— Ефрем Мартынович, тебя директор зовет! — закричал с крыльца конторы лохматый человек в серой блузе.

— Иду! — отозвался Кумачев и протянул руку Сивачеву. — Я пошел! Будет время, заезжай домой. Потолкуем, и жена рада будет...

— Спасибо!

Кумачев пошел по двору, а Сивачев направился в правление, чтобы захватить свой чемоданчик.

Было уже четыре часа и он решил проехать к Хрущову и поделиться с ним своими мыслями.

И здесь его встретила новая неожиданность.

VIII

Уже подымаясь по лестнице, он почувствовал какую-то неясную тревогу. Внизу у дверей стояло несколько человек и о чем-то оживленно говорили, причем одна женщина сокрушенно качала головой. На первой площадке разговаривали вполголоса две женщины.

Дойдя до третьей площадки, Сивачев увидал, что дверь в квартиру Хрущовых открыта и в передней стоит сама Хрущова с платком в руке и разговаривает с незнакомцем, а дальше, в гостиной, стоит Гришин.

Сивачев вошел в переднюю и Хрущова, увидев его, обернулась и, не здороваясь, резко и вызывающе спросила:

— Скажите, что вы делали со Степаном Кирилловичем здесь у окошка с биноклями? — она указала на гостиную.

Сивачев смутился.

— А что? Смотрели...

— На что?

Сивачев почувствовал в ее голосе неприязнь.

— Просто на дома... вдаль, — ответил он и спросил в свою очередь: — А в чем дело?

— Он умер... вчера... сразу, — и Хрущова закрыла лицо платком.

На мгновенье у Сивачева помутилось в глазах, но он быстро овладел собой.

В гостиной с ним поздоровался Гришин и провел в столовую. Там на столе лежал большой грузный Хрущов. Теперь лицо его не было красно, глаза и рот были полуоткрыты, и когда Сивачев подошел, ему показалось, что Хрущов смотрит на него и что-то хочет сказать.

Гришин стоял подле Сивачева и вполголоса говорил:

— В три часа ночи пришла телеграмма. Приехали с шестичасовым. Старуха рассказывает, что после того как вы ушли, он подошел к окошку и стал смотреть в бинокль. Она со стола убирала и ходила из столовой на кухню. Вдруг что-то треснуло, а потом громыхнуло. Она вбежала, а он уже на полу и мертвый. Она крик подняла. Соседи пришли, его на кровать положили. Доктор был.

— И что доктор?

— С доктором я виделся. Удар, говорит. Что ж, человек полный, шея короткая, любил выпить...

Сивачев бессильно опустился на стул.

Может быть и удар. Может быть и фабрика горела случайно, но в мыслях его оба случая связывались с человеком в ермолке.

Человек этот вчера, выпустив свои шары, не ждал их назад, а смотрел в подзорную трубу и что-то делал подле своей машины. Человек этот позднее навел трубу прямо на окошко в гостиной и несомненно ясно увидел Хрущова с биноклем. Это было жуткое мгновенье. А теперь... фабрика сгорела, Хрущов мертв.

Комната понемногу наполнялась людьми.

Сивачев перебрался в маленькую гостиную и сел там между печкой и пианино, откуда вчера смотрел из своего бинокля.

Он поднял глаза и стал смотреть в сторону зловещей стены. Она поднималась над крышами других домов, и он увидал одинокое окошко. Оно было раскрыто и Сивачеву показалась в нем фигура человека.

Разглядеть его он не мог. Может быть он теперь следит через подзорную трубу за тем, что происходит здесь.

Сивачев оглянулся, ища бинокль, и вдруг на полу у окошка увидал блестящий предмет. Он осторожно подошел, нагнулся и поднял. Сомнения не было. Это была расплавленная и потом застывшая алюминиевая оправа бинокля.

Сивачев зажал свою находку в руке и потихоньку вышел из квартиры.

День выпал исключительный.

Сивачев зашел в столовую, наскоро пообедал и по телефону позвал к себе домой Барсукова.

IX

Вернувшись домой, Сивачев лег отдохнуть. Было уже семь часов.

За стеной тарахтела швейная машина, и он тотчас заснул под ее однообразный шум и проснулся только тогда, когда в соседней комнате раздался голос Барсукова:

— Есть жив человек?

— Есть, есть! — отозвался Сивачев.

Барсуков бросил на стол шляпу, взлохматил свои волосы, опустился на диван и закурил папиросу.

— Чорт возьми, высоконько вы живете. Лез, лез. Ну, что у вас за дела?

— Большое дело, — ответил Сивачев.

— Так. Ну, выкладывайте.

Барсуков выпрямился на диване.

— Скажите, как могло это произойти? — спросил Сивачев, кладя на стол сплавленные кусок железа и оправу бинокля.

Барсуков взял их в руки, внимательно осмотрел и положил на стол.

— Что за вопрос? — ответил он, — это — сплавленное железо, это — алюминий.

— На пожаре могли сплавиться?

Барсуков тряхнул головой.

— Зависит от степени жара. Алюминий свободно, хотя все-таки... Для него нужно 700 градусов. Это возможно. Что касается железа, для этого требуется 1.550. Это уже труднее...

— А если электричество, молния?

— Ну, тогда и золото, и платину сплавишь.

Сивачев кивнул.

— Теперь еще вопрос. Вот вы говорили, что кто-то получил шарообразную молнию...

— Плантэ...

— Ну, вот, Плантэ! А можно ли этакую молнию послать куда-нибудь? Пустить как пулю или мину?

Барсуков пожал плечами.

— Чего теперь нельзя... Сейчас мы еще не знаем этого секрета, но несомненно над этим думают. Да вот вам! Недавно было опубликовано, что Маркони изобрел аппарат для передачи электрической энергии на расстоянии. А у нас в Нижнем профессор Бонч-Бруевич передал электрическую энергию через Волгу. Правда, совсем малой силы, но передал. Понятно, в обоих случаях это не шарообразная молния. Это вероятно вроде радиопередачи, но не все ли равно? В наше время чудеса исчезают или, наоборот, все кругом становится чудесным. Но для чего это вам? Любопытства ради?

— Не только. Тут большое дело, и я к вам обратился, потому что одного вас знаю. Так сказать спеца.

Барсуков пытливо посмотрел на него.

X

С полчаса смотрел Барсуков в бинокль. Потом положил бинокль на подоконник и откинулся на спинку стула. Лицо его покраснело, глаза блестели.

— Да, чорт возьми! — проговорил он, — это занимательно.

Сивачев кивнул.

— Вы видели, как он пускал шары?

— Видел... три шара один за другим...

— И они вернулись?

— Два.

— Значит он смотрел в трубу?

— Смотрел. Потом закрыл окошко. Кажется смеялся. Но что у него за приборы? Кто он?

Барсуков вскочил со стула.

— Ну, а теперь я вам расскажу свои истории, — сказал Сивачев и подробно рассказал про знакомство с Хрущовым, про свои наблюдения, пожар фабрики и смерть Хрущова.

Во время его рассказа Барсуков садился, вскакивал, бегал по комнате и ерошил волосы.

Сивачев окончил, помолчал и спросил;

— Ну, что вы скажете?

— Ах, чорт возьми! Изобретатель, гений, преступник, сумасшедший!.. Все вместе. Можно самому с ума сойти.

— Но что же нам делать?

Лицо Барсукова приняло озабоченное выражение. Он закурил, окружил себя дымом и уже спокойно заговорил:

— Да, задача. Найти его, вы говорите, легко?

Сивачев кивнул.

— Арестовать его нет смысла. Доказать преступления вы не сможете. Понять его приборы — тоже. Да он их испортит. А надо и то, и другое и третье.

— То есть?

— Надо знать тайну его изобретения. Это великое достижение. Размеры его вреда и пользы нельзя и исчислить. Для техники, для войны, для хозяйства, для науки...

Барсуков опять вскочил.

— Потом надо установить его преступления — поджог, убийство. Потом арестовать и судить. Судить и расстрелять. Да! Да!

XI

В трамвае Сивачев доехал до остановки у церкви и пошел по Воздвиженской улице.

Он шел уверенно, хорошо зная дорогу.

Сейчас будет Глазовая улица. Он повернет налево, и перед ним окажется стена, которую он так хорошо знает, дом, который ему так нужен.

И действительно, едва он свернул на Глазовую улицу, как увидел перед собою унылый пустырь, покрытый грудами битого кирпича, гребень обвалившейся стены, торчащую, как гнилой зуб, трубу, а за этим пустырем высокую в пять этажей черную потрескавшуюся стену с тремя окнами.

Сердце Сивачева забилось сильнее, как у охотника, выследившего зверя. Он перешел улицу и вошел в ворота дома.

— Где здесь управдом? — спросил он у встретившейся ему женщины.

— А вон по лестнице. Первая площадка направо.

Лестница была грязная, с поломанными перилами и выщербленными ступенями.

На одной из двух дверей, выходящих на площадку, была прибита бумага с надписью "управдом". Сивачев толкнул дверь и вошел в тесную кухню.

У плиты стояла женщина с подоткнутым подолом, на плите стоял примус, и его гудение смешивалось с криками, доносящимися со двора, и с жужжанием мух, висящих над плитой черной тучей.

Сивачев спросил управдома.

— Иван Кирилловича? Нет его дома. Чичас должен с работы приттить.

Сивачев хотел уже уходить, когда дверь отворилась и вошел пожилой мужчина с красными воспаленными глазами, сизым носом и седой козлиной бородой.

Поверх ситцевой рубашки на нем был накинут пиджак, а голову покрывал клетчатый картуз.

— Вот вам и Иван Кириллович, — сказала женщина и спросила — давать есть, али поговоришь?

— Не тарахти, — сердито тонким голосом окрикнул ее Иван Кириллович и обратился к Сивачеву: — Вам, гражданин, собственно какая надобность?

Сивачев подкупающе улыбнулся и ответил:

— Поговорить хотел, Иван Кириллович, на счет комнаты.

Иван Кириллович постоял в раздумье и потом, тряхнув головой, сказал:

— Здесь у меня не сподручно. Тесно и опять духота. Вы вот что, гражданин. Как от нас перейдете на ту сторону, пивная будет. Подождите меня с минутку, а я следом буду.

Сивачев кивнул и вышел. До него донесся голос женщины.

— Беспременно натрескаешься...

Сивачев перешел улицу и вошел в портерную, где занял угловой столик.

Подносчик подошел к Сивачеву и для вида провел грязной тряпкой по грязной клеенке.

— Две бутылки пива и два стакана, — сказал Сивачев.

— Сей минуту, — подносчик через мгновенье вернулся и поставил бутылки.

Иван Кириллович явился очень скоро.

— А, вы уж и распорядились, — сказал он, улыбаясь и быстро наливая два стакана.

Сивачев не любил ни вина, ни пива, но, если нужно было, мог перепить любого пьяницу и на этот раз решил не отказываться от компании.

— За ваше, — сказал Иван Кириллович, — не знаю, как величать.

— За ваше, — ответил Сивачев, — зовите товарищ Ефремов. По простоте.

Сивачев наполнил снова стаканы и заказал раков. Иван Кириллович широко улыбнулся.

— Дом наш, можно сказать, весь пролетарский и, ежели говорить по истине, так в скорости развалиться должон, потому никакой ремонт немыслим при нашем бюджете и опять надо его, подлеца, сверху до низу выпрямлять.

Сивачев налил опять стаканы и спросил вторую пару.

— В доме-то и раньше рабочие жили?

Иван Кириллович даже отставил стакан.

— Как это возможно. Дом был, можно сказать, капиталистический. Купец Сиволдаев строил. Тут вот на Николаевском рынке, знаете? Мясные имел, зеленные, курятные. Богатей! Этот дом имел, и на углу огромадный. Богатый народ жил... Ну, а после на наше повернуло. Дом-то угловой как есть смыли. По началу двери, замки, заслонки, стекла, рамы. Ну, потом полы разбирать стали, а там балки, стропила. Он и развалился. Ночью хлопнулся. Наш-то дом от этого и треснул. Что твое землетрясение. А после Откомхоз кирпич увез, железо ребята растаскали, и получился теперь пустырь. Говорят, площадку делать будут, чтобы детишкам играть...

— А ваш стоит?

— А наш — во — треснул, сердечный. Опять, крыша плоховата, а стоит! Можете быть покойны. Поживем. И комната есть.

— Отлично! — Сивачев опять налил стаканы. — Я собственно, для приятеля. Тоже пролетарий.

— Это нам все равно. У нас тут и кустарь живет и, вроде как нэпман, один — краски продает, лавочка у него и служащие есть. Всякие. Только нашего брата все же сила.

— А из каких это квартир у вас три окошка в глухой стене?

Иван Кириллович махнул рукой.

— С парадного подъезда. Самые такие богатейшие. По

восьми комнат. Окна-то в глухой стене из людских комнат были или из кладовых ихних. Большие комнаты, а окно одно. Только в двух заколотили, потому комнаты совсем в разорении, а в одной живет. В пятом этаже. Старик один.

Сивачев невольно переспросил:

— Как старик?

Иван Кириллович кивнул.

— Чудодей такой! Знать Сергей Аркадьевич Заводилов. Служит в строительной конторе. Квартира-то раз разоренная в пятом этаже, и он в ней один. С собакой. Огромадный пес, что твой зверь.

— Один живет?

— Как есть. Обходительный человек, только чудодей. Ни к себе никого, ни сам никуда.

— Занятно. Вот бы у него и взять комнату.

— Ни к чему. Мы вам другую приспособим. Мы хорошего человека завсегда уважим. Я бы и сегодня...

Он допил пиво и мотнул головой.

— Сегодня не с руки. Я приду послезавтра.

Сивачев подозвал подносчика, расплатился и встал. Иван Кириллович с трудом поднялся и протянул руку.

— За угощение благодарим. Будьте покойны — с комнатой уважим.

Он заплетающимся шагом пошел следом за Сивачевым, и они вышли на улицу.

— Вон чудодей-то наш! Ишь пес какой, — сказал Иван Кириллович, тыча пальцем.

Сивачев увидел высокого худощавого старика с длинной седой бородой, в соломенной шляпе и длинном пальто. Рядом с ним шел огромный дог.

Старик открыл дверь подъезда, пропустил собаку и вошел следом за ней.

Сивачев оставил Ивана Кирилловича и медленно пошел по улице. Он был совершенно сбит с толку. Старик, собака, пустая квартира, а между тем каждый вечер в окошке появляется человек в ермолке и производит свои страшные опыты.

Сивачев остановился на углу улицы и оглянулся на стену.

Вверху, отражая луч заходящего солнца, красным отблеском горело одинокое окно, и Сивачеву оно показалось зловещим кровавым пятном.

XII

Вечером пришел Барсуков. Сивачев отворил дверь и увидел его с тяжелым металлическим треножником и с большим, видимо тяжелым свертком в руках.

— Возьмите эту штуку и тащите, — сказал, входя, Барсуков.

Сивачев ухватил треножник, запер дверь и вошел следом за Барсуковым к себе в комнату.

— Что это такое? — спросил он.

— Это? Это, уважаемый, астрономическая труба. Горы на Луне увидеть можно. Это не ваш бинокль. Теперь мы его как на ладони увидим. Сейчас установим.

Он развернул бумагу, и Сивачев увидел большую подзорную трубу.

Барсуков быстро прикрепил ее к треножнику и раздвинул.

— Теперь сделаем установку.

Он стал наводить трубу.

— Вот! Поглядите-ка.

Сивачев приложил глаз. Прямо перед ним встало окошко, занавешенное шторой. Можно было видеть облупившуюся краску на переплете окна, швы на зеленой коленкоровой шторке и ржавое железо подоконника.

— Великолепно! — воскликнул Сивачев, — теперь мы все разглядим.

Труба стояла в глубине комнаты, на добрую сажень от окошка.

— Поставим стул, придвинем стол. Можно наблюдать по очереди, курить и распивать чай. Вот как! — весело сказал Барсуков.

Он закурил.

136

— Что-нибудь узнали?

Сивачев махнул рукой.

— Можно сказать — ничего. Вернее — путаница какая-то.

И он рассказал про свое исследование.

Барсуков покачал головой.

— Это подтверждает только, что существует какая-то тайная организация, что это не ученый исследователь, а какой-то, вернее какие-то враги.

— Старик и собака.

— Ну, да. Это для отвода глаз. Главный прячется.

— Что же будем делать?

— Отсюда наблюдать и изучать, а там наводить справки и расследовать. Прежде всего, кто этот Заводилов? Потом, что это за контора? Надо за ним следить. Пожалуй снять там комнату. А теперь будем наблюдать.

Он нагнулся к трубе.

— Началось, — сказал он, — теперь смотреть буду.

Он придвинул стул, сел на него верхом и приник к трубе.

Сивачев взял бинокль и взглянул на знакомое окно.

Оно было раскрыто, и человек в ермолке устанавливал на подоконнике приборы.

Сивачев видал уже это и отложил бинокль, а Барсуков не отрываясь смотрел в трубу и делал вслух свои замечания.

— Эгэ, да у него с потолка шест висит. Вроде громоотвода. Как у Ломоносова. Только у того шест в землю уходил, а здесь свободно болтается. Надо думать, атмосферным электричеством пользуется. Не иначе. Вот в грозу бы подсмотреть! Приборы установил. Чорт его знает... Будто Румкорфа спираль, а будто и иное что-то. Во первых, провода, а потом обыкновенный кондуктор. Провода соединил. Так... Один шар, другой, третий... поплыли.

— У, чорт его возьми! — отодвинулся Барсуков от трубы и, качаясь на стуле, стал говорить.

— Я только одно понимаю. Шары притягиваются на острия, которые соединены проволокой с землей, и происходит тихий разряд, как на громоотводе. И только. Остального не понимаю. Догадываюсь, что электричество он

137

берет из атмосферы и как-то собирает, конденсирует, заряжает им как-нибудь лейденские банки, аккумуляторы. Не иначе. Чтобы получить такие шарики, нужны сотни тысяч вольт, миллионы...

Барсуков вскочил и взъерошил волосы.

— Да, да. Физики Браш, Ланге и Урбан протянули на Альпах сеть с остриями на высоте 80 метров для использования грозы и получили разряд в один миллион семьсот тысяч вольт! И здесь вроде этого, но высота много если 30 метров и всего один шест. Это же невероятно. И потом, как он образует эти шары, как посылает, как направляет? О, чорт!

— И при этом преступник, — вставил Сивачев.

XIII

Сивачев вторично пошел на Глазовую улицу.

Дойдя до нее, он увидел высокую потрескавшуюся стену, и она в сиянии летнего дня показалась ему еще более зловещей.

Он поднял голову, смотря на окошко пятого этажа, и замер.

От окошка то поднимаясь, то опускаясь плыл по воздуху бледно-голубой шар, величиной с большую сливу. В ярком дневном свете на фоне синего неба он был почти невидим. Сивачев проследил, как он обогнул высокий дом и поплыл прямо в направлении к вокзалу Октябрьской железной дороги.

Сивачев завернул за угол и решительно вошел в подъезд дома.

Когда-то прекрасная лестница с широким вестибюлем, с лифтом, с огромным камином носила все признаки разрушения. У перил то здесь, то там были выбиты чугунные резные столбики, все ступени лестницы были покрыты сором.

Сивачев быстро поднялся до площадки пятого этажа и осмотрелся. Дверь в интересовавшую его квартиру очевидно была налево. Она была крепка, сделана под дуб и заперта американским замком. В двери была узкая щель почтового ящика, и у левой притолоки чернела кнопка электрического звонка.

С правой стороны площадки находилась такая же точно дверь. Только в ней не было почтового ящика, и на месте кнопки звонка зияла выбоина, словно глазница без глаз.

Сивачев осторожно постучал в дверь направо. Сухой стук гулким эхом пронесся по лестнице.

Он ударил сильнее, еще и еще, и услышал шаги, а затем женский голос:

— Кто там? Чего надоть?

Сивачев решительно ответил:

— Мне Иван Кириллович сказал, что у вас есть комната.

— Так что хозяина нет, и дверь заколочена. Надоть с черного хода.

— Приду, — весело отозвался Сивачев и почти сбежал с лестницы.

Это было настоящая удача. До пяти часов еще оставалось добрых три часа времени и Сивачев тотчас поехал разыскивать Груздева.

Дома его не оказалось. Значит надо искать на стадионе. Сивачев увидал его в фуфайке, с обнаженными шеей и руками, могучим ударом отбивающего футбольный мяч. Еще через два удара мяч был загнан в ворота, и наступил перерыв.

Сивачев отвел Груздева в сторону.

— Слушай... Необходимо, чтобы ты поселился в одном доме. Это на Глазовой улице. Я плачу за комнату, только переселись.

— А для чего? — Груздев почесал в затылке.

— Я потом объясню, а сейчас твое согласие нужно. Не можешь, я Тышко попрошу.

— Зачем, Павел Петрович? Раз просите вы, значит так нужно. Когда ехать?

— Сегодня вечером ко мне приди. Я тебе все объясню, и завтра переедешь.

— Ладно.

Он кивнул и побежал продолжать игру.

Сивачев повидался с Иваном Кирилловичем, договорился о комнате.

Она прилегала к большой темной передней, двери которой выходили на парадную лестницу.

Хозяин квартиры, мастеровой, слесарь с фабрики, занимал с женой и двумя детьми кухню, а четыре комнаты сдавал.

Дело было сделано, и Сивачев пошел к себе.

Выйдя на Лиговку, он увидел промчавшихся пожарных.

— Где пожар? — спросил он милиционера.

— На Октябрьской дороге. Склады горят.

Сивачев взглянул перед собой и увидел вдали клубы дыма, стоявшие в воздухе.

Он вспомнил о голубом шаре, и опять чувство тревоги и страха охватило его.

XIV

Груздев устроился на новой квартире. На третий день, возвращаясь с урока и подходя к дому, Сивачев увидел его и окликнул.

Груздев оглянулся и остановился. Широко улыбнулся и, одергивая блузу, сказал:

— А я к вам шел. На минутку.

— Ну что? Какие новости? — спросил Сивачев, когда они поднялись по лестнице.

— Все в порядке, — ответил Груздев, — В двери дыру провертел, но ничего не видал. Вчера провожал его на прогулке. Ну, и собака! Как зверь.

Груздев помотал головой.

— А сегодня на службу провожал. На улицу Дзержинского, подле Канала Грибоедова. Дощечка маленькая. Лестница узкая, темная. По дороге на углу улицы 3-го Июля у папиросника папиросы взял и будто ему записку дал. Может так показалось... Вот и все.

140

Сивачев кивнул.

— Следи. Главное: кто в квартире живет и с кем старик видится.

Они попрощались, и Груздев ушел.

Вечером пришел Барсуков, сразу же уселся перед трубой и заглянул в нее.

— Окно еще занавешено.

— Рано...

Барсуков сдвинул трубу, закурил папиросу и заговорил:

— Я думал над нашим положением, Павел Петрович. Вполне понимаю вашу тревогу и колебания, но подождем еще недельку. Сообщить всегда успеем, а за неделю мы, может, так подготовим дело, что все у нас в руках окажется... Главное, секрет откроем...

Он вскочил и забегал по комнате.

— Ведь подумать только, голова кружится. Держать в руках молнию, как Зевс громовержец, и посылать ее в намеченную цель. Ведь это такое изобретение, что...

Он взмахнул руками и, сев на стул, приложился к трубе. Сивачев задумался. Неожиданно Барсуков проговорил резким шопотом:

— Берите бинокль и смотрите. Что-то новое.

Сивачев схватил бинокль.

Действительно, то, что они увидели, было ново.

На подоконнике не было обычных приборов. Человек в ермолке стоял посреди комнаты и с горячностью говорил что-то рыжему лохматому великану, который стоял перед ним в одной рубахе и синих галифе, босой, с видом полного равнодушия.

Эту сцену прервал старик, который вошел в комнату быстрыми шагами, что-то проговорил; и рыжий великан тотчас вышел.

Старик подошел к столу и разложил на нем лист бумаги, который вынул из кармана и тщательно расправил.

Человек в ермолке наклонился над листом, и старик стал что-то быстро объяснять, тыча в лист пальцем.

Человек в ермолке тоже ткнул пальцем в лист, и они заспорили.

Человек в ермолке стал махать руками, старик стучал кулаком по столу, потом с видимым волнением пробежал по комнате, хлопнулся на стул и резким движением сорвал с себя седую бороду и седой парик.

Человек в ермолке отступил и мотнул головой, словно его ударили в подбородок. Старик махнул рукой и, вынув платок, вытер лицо.

Теперь он уже не был стариком. Бритая большая голова его с широким лбом и срезанным затылком производила впечатление жестокости. Короткая шея, мясистые уши, квадратный подбородок усиливали это впечатление. Но вместе с этим лицо его выражало решительность.

Видимо успокоившись, он стал что-то говорить человеку в ермолке, методически хлопая широкой рукой по столу, потом быстро встал, взял со стола парик и бороду и вышел.

Человек в ермолке с задумчивым видом постоял посреди комнаты, потом взял со стола подзорную трубу и, подойдя к окошку, стал что-то искать, водя трубу во все стороны. Сивачев замер.

Вот также он подглядел покойного Хрущова, но теперь комната не была освещена, и труба стояла от окна на добрую сажень, хотя...

Барсуков вскочил со стула и пробежал по комнате ероша волосы.

— Заговорщики, конспирация, очевидно! — выкрикнул он и остановился. — Какую бумагу они разглядывали?

— Я думаю, это был план. План Ленинграда?

Барсуков закурил и снова забегал.

— Что он в трубу высматривал?

— Нет ли где наблюдателей. Вот так он Хрущова увидал и убил...

Барсуков остановился.

— Но нас он не видал?

Сивачев усмехнулся.

— Думаю, что нет. Мы далеко, — труба стоит в глубине комнаты.

Барсуков сел.

— Разберемся, — заговорил он, — теперь мы знаем, что в квартире живут трое: изобретатель, переодетый стариком, и рыжий великан. Надо, чтобы ваш приятель выследил их.

Сивачев кивнул.

— По-моему, — заговорил снова Барсуков, — этот старик главное лицо, а великан — это вроде слуги...

Сивачев опять кивнул.

— Сложное дело, хитрое дело, преступное дело, — проговорил Барсуков.

XV

Сивачев всю ночь проворочался в постели, думая обо всем виденном.

Несомненно тут и контрреволюция и вредительство, быть может — шпионаж. Белогвардейцы и иностранные приятели... Но все это надо выяснить и только тогда действовать.

Барсуков прав. И, проснувшись, Сивачев решил весь день провести в наблюдении.

Совершив свой утренний туалет, с обливанием водой и непременной гимнастикой, он сел у трубы.

И сразу, когда он заглянул в нее, его поразило новее явление. На опущенной зеленой колснкоровой занавеске черной краской были написаны: крупная цифра 3, рядом буква Д и цифра 8.

Занавеска висела неподвижно, окно было закрыто, и за ним, казалось, не было жизни.

Сивачев прошел в соседнюю комнату, приготовил себе яичницу и позавтракал.

Затем вернулся к трубе и заглянул в нее.

Окно было открыто, штора поднята. У окна стоял человек в

ермолке и внимательно высматривал что-то в подзорную трубу.

Сивачев не чувствовал тревоги. Труба его была отодвинута глубоко в комнату, и светлый день действовал успокоительно на нервы.

Человек в ермолке опустил трубу, перешел от окна к столу и раскрыл большую тетрадь, в которой стал делать отметки. Он то быстро писал, то откидывался к спинке стула и, смотря перед собой, видимо сосредоточенно думал.

Сивачев видел, как его густые, нависшие брови двигались, словно мыши, и на широком лбу выступила резкая складка.

Потом он снова писал.

Вошел рыжий великан, одетый в гимнастерку и высокие сапоги. Он принес на подносе какую-то еду, винный стакан и бутылку. Поставил на стол подле тетради и молча вышел.

Человек в ермолке словно очнулся, придвинул к себе поднос и начал быстро есть, запивая еду вином. Сивачев следил за каждым его движением.

Вдруг человек в ермолке торопливо допил стакан вина, порывисто встал, прошел в угол комнаты и вытащил на середину какую-то машину. После этого он стал расправлять черные шнуры и прикреплять их к машине, затем подошел к окну, закрыл его и спустил штору.

Все скрылось, но Сивачев увидел, как в комнате за шторой вспыхнул яркий свет, погас и загорелся снова, и опять погас, и так сверкал, словно вспышками молнии.

Потом вспышки погасли.

Сивачев отодвинулся от трубы.

Он перешел в другую комнату, где стояли его кровать и письменный стол, и до вечера занимался своей работой.

Время перешло за полночь, когда он прошел опять в первую комнату и присел к трубе.

Окно было раскрыто, человек в ермолке смотрел в трубу, что-то пристально наблюдая. На подоконнике стояли машины.

Потом он опустил трубу, убрал машины и закрыл окно.

Все таинственно, все страшно, все грозит несчастьями.

Сивачев лег спать с твердым убеждением, что в это время где-то горит завод или фабрика, а может быть совершилось убийство.

На другой день он поехал к Груздеву, но не на застал его дома. Жена хозяина сказала:

— С утра ушедши.

— Так! Как только он вернется, скажите, чтобы ко мне пришел. К тому, скажите, который на квартире устроил, — пояснил Сивачев.

Он спустился с лестницы, вышел на улицу и не мог удержаться, чтобы не подняться по парадному ходу в пятый этаж.

Он быстро взбежал на верхнюю площадку и оглядевшись тихонько свистнул.

Вот так номер! Дверь из квартиры, где поселился Груздев, оказалась задвинутой огромным шкафом.

Сивачев подошел к нему и постучал по нему пальцем, словно желая убедиться, что шкаф ему не привиделся.

В то же время он поднял глаза кверху и вдруг увидел, что вверху стены имеется узкое окно и через это окно на него смотрит человек. "Рыжий великан", — сразу узнал его Сивачев.

Оставаться дольше на площадке было неудобно. Сивачев быстро повернулся и пошел вниз.

Он сел в трам и поехал домой.

Подле него оказался пожарный, который говорил соседу:

— Как есть всю ночь. В 11 только домой вернулись. Как домой приеду, лягу — и никаких! только спать буду.

— Сильно горело? — спросил собеседник.

— На ять! С одного корпуса всю крышу сняли, другой насквозь выгорел. Машины, которые там были, провалились. Убытков — тысячи. Говорят завод станет.

Сивачев насторожился.

А пожарный продолжал:

— По четвертому номеру, 14 частей. Словно поветрие пошло. Раз за разом. И все заводы и все по четвертому номеру.

— Жарко...

— Тут, гражданин, жара не при чем. Это не лес, который в жаркое лето от спички горит. Завод — камень да железо.

— Какая же причина?

— Вот и догадайтесь! Сторожа, надсмотр, бережение, — а горит...

Сивачев доехал до улицы Красных зорь и вышел.

Он-то знает какая причина...

Наскоро пообедав, он пришел домой, отдохнул и стал писать.

Он решил изложить на бумаге все, что произошло от того момента, когда он впервые увидел человека в ермолке.

За этой работой застал его Груздев. Он вошел к нему с тревожным, озабоченным лицом и поздоровавшись сразу заговорил:

— Такая история, Павел Петрович, что и не разобрать. Нечистое что-то...

— Ну, рассказывай! — сказал Сивачев и Груздев начал свой рассказ:

— Говорил вам, что дыру провертел. Вот, а через день подошел — нет дыры. Ее деревянной пробкой забили. Вот тебе и фунт! Пошел я на парадный ход, а там...

— Дверь шкафом задвинули, — сказал Сивачев.

Груздев кивнул.

— Верно. А вы откуда знаете?

Сивачев засмеялся.

— Да ведь я сегодня у тебя был... Ну, дальше.

— Дальше самое удивительное. Третьего дня утром пошел старика на службу провожать. Ладно. Идет он. Я по другую сторону улицы иду, глаз не спускаю. Ну, он опять на углу ул. 3-го июля у папиросника остановился. Взял пачку, а ему записку дал. В этот раз я это явственно видел. Дошел после до своей конторы, вошел — и все. Стал я думать. В контору не зайду. Ни к чему. А буду ждать, когда он домой пойдет. Время до полпятого. Ладно. Съездил на стадион, потом к товарищу за книжками, пошамал наскоро и — на улицу Дзержинского. Так...

Сивачев нетерпеливо сказал:

— Ты бы короче.

— Ничего не будет. Вы слушайте. Теперь подошел я и

146

старик вышел. Огляделся и пошел. Только совсем в другую сторону. К Адмиралтейству. Ну, думаю, куда попрешь? — и за ним. Он — все прямо, потом по улице Гоголя, на проспект 25 Октября, сел в трам □ 4 и поехал. И я с ним. Только он в вагоне, а я на площадке. Доехали до Васильевского. Здесь, на углу Среднего, он сошел, и я за ним. Он, не доходя 6-й линии, вошел в ворота. Я малость подождал и тоже вошел. На дворе ребятишки. Я спрашиваю: "Куда старик ушел?" Они на крыльцо указали, а один говорит: "Он тут живет, квартира 8". Ладно. Повернулся я, на трам и домой. Что же вы думали? Подхожу к дому, а старик мой идет — и с собакой. А? Я даже к мостовой прирос. Что за чорт! Там старик, тут старик. А? Словно чорт на рогах перенес его.

— Ты верно смешал стариков да за каким-то подрал. Благо седая борода, — усмехнулся Сивачев.

Груздев обиделся и вздернул нос.

— Что я маленький, что ли? Старика этого я вот как знаю! — сказал он. — А вы дальше слушайте... Сегодня за мной собака все время ходит.

— Какая собака?

— Его, громадная...

— Как ходит?

Сивачев сразу взволновался.

Груздев кивнул.

— Неотступно. Куда я — туда она. Был на площадке. В футбол играл. Смотрю — она в стороне сидит. Я проворонил и мяч пропустил. Сел в трам. Выхожу — она за мною. Был в столовке. Пообедал, газету прочел. Вышел — а она на другой стороне стоит и опять за мной. Теперь из трама вышел — и она тут...

— Следит?

Груздев кивнул.

— Не иначе.

Сивачев покачал головой и сказал с упреком;

— Неосторожно ты действовал, и они сразу тебя разъяснили. Я это сегодня увидел.

Груздев смутился и провел рукою по своей стриженой голове.

— Вы ведь не предупредили. Следи! Ну, я и следил. А они — меня. Ну, мне наплевать, — беспечно махнул он рукой, — а что они за люди, что делают?

Сивачев пожал плечами.

— И знаю и нет. Для того и тебя послал. Знаю я, что они — наши враги, враги нашей республики. Или иностранные агенты, или контрреволюционеры. Знаю, что все пожары заводов за последние дни они устроили. Знаю, что они одного человека убили. Но их поймать надо, обличить, и вот тут-то задача.

Груздев в волнении вскочил со стула.

— Я вам во всем помогу! Говорите, что делать?

Сивачев ласково положил ему руку на плечо.

— Пока береги себя, будь осторожен. Завтра приходи об эту пору. У меня будет еще человек и мы сговоримся.

Груздев крепко кивнул головой.

— Буду! — сказал он решительно.

Сивачев проводил его до дверей и вернулся к себе, но почти тотчас же услышал, как снова хлопнула дверь. Возвратился Груздев.

— Что случилось? — спросил Сивачев.

— Там... собака, — проговорил Груздев.

Сивачев почувствовал невольную, дрожь.

— Пойдем, — сказал, он, беря кепку.

Они вышли и осторожно спустились с лестницы.

— Смотрите. На той стороне.

Сивачев выглянул.

На другой стороне улицы в терпеливом ожидании сидел громадный дог. Прохожие почтительно обходили его, а он сидел, не сводя глаза с подъезда.

— Слушай, — сказал Сивачев, — попробуй запутать ее. Прыгай с трама на трам, пока сам не замучишься. На тебе рубль.

Груздев засмеялся.

— Я сейчас нашатырю куплю и буду за собой его лить.

— И это дело.

Груздев простился и ушел. Сивачев смотрел из подъезда и видел, как собака медленно встала и лениво побежала по мостовой за Груздевым.

XVI

Когда на другой день после урока плавания Сивачев возвращался домой, он встретил молодого человека с девушкой в сопровождении той самой собаки, которая гуляла со стариком и преследовала Груздева.

Девушка вела ее на толстом ремне и о чем-то озабоченно говорила со своим спутником.

Перейдя улицу, они остановились и стали смотреть на дом, в котором жил Сивачев, и, как ему показалось, на окна его комнаты.

Он поспешил домой и к нему тотчас вышла его соседка, которой он обычно оставлял ключ от комнаты. Она дала ему ключ и сказала:

— Тут, Павел Петрович, сейчас только к вам приходили.

— Молодой человек с девушкой?

— Да! Они хотели у вас уроки брать. Они недолго посидели и ушли. В трубу смотрели.

— Одни были?

— Одни.

— С собакой?

— Нет, без собаки. Подождали и ушли.

— Оставили записку?

— Нет. Сказали, что еще раз зайдут. Может быть, говорят, завтра.

— Благодарю вас, Варвара Петровна.

Соседка ушла.

Сивачев опустился на стул.

Он почувствовал, как легкий озноб прошел по его спине. Мало-помалу он оправился и тотчас взял бумагу, чтобы записать все происшедшее.

Выходит, тут не один человек в ермолке. Здесь и переодетый старик, и "натуральный" старик, и рыжий великан, и папиросник, и эти молодые люди. Он вынул из ящика стола браунинг, внимательно осмотрел его, вложил обойму и положил в карман.

Первым пришел Барсуков. Он поздоровался, сел подле трубы и спросил:

— Ну, что у вас?

— А вот послушайте, — ответил Сивачев и передал рассказ Груздева и приход молодых людей с собакой.

— Это значит, что открыт Груздев, а с ними я, — окончил Сивачев.

— Несомненно! Осел ваш Груздев! — воскликнул Барсуков.

— Он не виноват. Там люди похитрее нас с вами. Вы лучше скажите, что теперь делать?

В это время пришел Груздев. Сивачев познакомил его с Барсуковым и сказал:

— Ты при нем можешь все говорить. Он все знает, и эта труба — его. Что нового?

— А ничего. Сегодня я без собаки и вообще она меня оставила. Был на Васильевском. Там действительно старик Заводилов живет. Сергей Аркадьевич, и в конторе на Комиссаровской служит. Как мой. Сегодня все то же было. Пришел в контору, только с папиросником не встречался.

Барсуков смотрел в трубу. Гвоздев ходил по комнате.

— Вопрос в том, что теперь делать? — заговорил Сивачев. — Товарищ Груздев обнаружен, я — тоже. Вероятно и вас, Сергей Семенович, разъяснят. Они хитрее нас, и по-моему нам надо искать таких, которые их хитрее.

— То есть?..

— Итти к прокурору, или в уголовный розыск, или в ГПУ.

— Но тогда мы не узнаем их секрета, — проговорил Барсуков, — и потом нет у нас доказательств их преступности. Как мы докажем?

— Придут и увидят то, что видели мы.

С этими словами Барсуков приложил глаз к трубе.

— Собирается что-то делать. Тащит опять свои машины.

— Возьми со стола из той комнаты мой бинокль и смотри тоже. Ты еще не видел, — сказал Сивачев, обращаясь к Груздеву.

Груздев взял бинокль, стал подле Барсукова, приложил бинокль к глазам и тотчас воскликнул:

— Здорово! Все видать, как на ладошке. Сразу стену узнал и окно. Этот в ермолке машины поставил. Э, полетел шар!

— Если бы знать, как он это делает, — с тоской воскликнул Барсуков и вдруг вскочил на ноги, едва не опрокинув трубы.

— Смотрите, смотрите!

Сивачев взглянул на окно и замер.

— Сюда! — проговорил он.

По воздуху, то поднимаясь, то опускаясь, медленно плыл шар.

— На нас! — закричал Барсуков. — Закрывайте окно! Скорей!

Груздев в один прыжок очутился подле окна и захлопнул его. И почти тотчас светящийся шар приник к стеклу, отодвинулся и заколебался перед окном. Сивачев взглянул в бинокль.

— Он смотрит в трубу, а теперь что-то делает подле машины. Полетел второй шар.

— Бежим! — закричал Барсуков и схватил трубу.

И все трое выбежали в коридор, а затем на лестницу.

И почти тотчас раздался сухой треск и звон разбившихся стекол.

Когда они были на улице, раздался резкий, оглушительный треск, словно бросили на камни лист железа. Прохожие остановились и подняли головы кверху. Сивачев взглянул наверх. Из окон его комнаты вырвались клубы дыма.

— Пожар! — закричал кто-то.

Из ворот дома выбежал дворник, побежал к пожарному сигналу.

Сивачев, Груздев и Барсуков стояли на другом углу улицы.

151

— Извозчик! — закричал Барсуков и торопливо сел в пролетку.

— Я домой, — сказал он, бледный от страха, — еще бы минута, и нас бы не было.

— Что случилось? — спросил ошеломленный Сивачев.

— Видите, — усаживаясь и принимая от Груздева подставку, заговорил Барсуков, — он разрядил первый шар в воздухе, чтобы разбить стекла, а второй пустил уже, как снаряд. У вас все разрушено и пожар. Ну, я еду!

Он толкнул извозчика и пролетка отъехала. В ту же минуту раздался протяжный звук трубы и на улицу въехал пожарный обоз.

— А нам что делать? — спросил Груздев.

Сивачев уже справился от волненья. В голове его созрело решение.

— Иди куда-нибудь, только не домой. Переночуй и потом устройся. Адрес свой скажи Тышко. Я к нему зайду.

Груздев пожал ему руку и ушел. Сивачев перешел улицу, сел в трамвай, поехал ночевать к своему приятелю — Кумачову. Он не хотел оставаться подле дома, где горела его квартира.

Может быть в толпе есть люди, которые высматривают его. Подробности о пожаре он узнать успеет.

XVII

В десять часов утра Сивачев уже был на углу улицы Дзержинского. Дежурный попросил обождать.

Сивачев сел на деревянную скамейку. В подъезд вошел толстый, широкоплечий мужчина в высоких сапогах и гимнастерке. Дежурный высунулся из окошка и сказал:

— Товарищ Башков, поговорите с этим гражданином.

Башков остановился. Сивачев подошел к нему и быстро стал говорить. Башков не дал ему закончить.

— Пойдемте, — прервал он и указал рукой куда итти. Они

вошли в тесный кабинет. Башков бросил на стол портфель и фуражку, сел в кресло и вторично спросил:

— В чем дело? Расскажите снова.

— Вы вероятно знаете про пожар на улице Красных зорь. Раздался шум вроде грома, разлетелись стекла и начался пожар? — спросил Сивачев.

Башков кивнул.

— Это в меня была направлена молния, чтобы убить меня, — продолжал Сивачев.

Башков чуть заметно улыбнулся и опять кивнул головой.

— Пожар на фабрике им. Ногина, убийство гражданина Хрущова, пожары на чугунно-литейном заводе и на складах Октябрьской железной дороги. Это все от искусственной молнии, которую пускают злоумышленники.

— Все? — неожиданно спросил Башков.

Сивачев вспыхнул. Ясно, его считают за сумасшедшего. И он, сначала путаясь и сбиваясь, а потом уже складно рассказал все, что успел узнать с первого момента, когда навел бинокль на таинственное окно.

Когда же Сивачев окончил, следователь откинулся и спинке стула и ударил рукой по столу.

— И вы до сих пор молчали?! Это преступление! Вы должны были понять, что это — вредительство, заговор, контрреволюция.

Сивачев в волнении встал.

— Когда я начал свой рассказ, вы улыбались, — заговорил он и в волнении встал, — думали, что я — маньяк. Если бы я пришел к вам сразу, вы бы посмеялись. Я хотел раскрыть всю организацию; товарищ мой Барсуков — он физик — хотел уяснить сущность изобретения. Вот почему я медлил. А теперь мой помощник Груздев и я раскрыты. Мы едва избегли смерти.

— Пусть так! Все-таки вы сделали ошибку! — воскликнул Башков. — Мы не хуже вас могли делать наблюдения. Ну, это уже в сторону. Кто такие Груздев и Барсуков?

На это Сивачев сказал:

— Я ручаюсь за обоих.

— Прямо американская фильма! — усмехнулся Башков. —

Заговорщики, великое изобретение и самое черное злодейство. Подзорная труба, загримированный старик, ученая собака... Ну, мы их всех выведем на чистую воду. Откуда мы могли бы их наблюдать? А?

— Из квартиры Хрушова, — тотчас ответил Сивачев, — то есть не из нее, а из этого дома. Лучше бы из пятого этажа или с чердака.

— Адрес?

— На улице Правды, — Сивачев назвал номер дома.

— Адреса ваших помощников — Барсукова и Груздева?

Сивачев сказал и объяснил, как найти Груздева.

— Превосходно! Значит и начнем работу.

XVIII

Служебные часы окончились. Дорогой, сидя в закрытом автомобиле, Башков закурил папиросу и, обращаясь к сидящему рядом Сивачеву, заговорил:

— Следственный материал о пожарах я знаю. В трех случаях свидетели говорят, будто видели огоньки в воздухе. Один прямо сказал — "шар". По справкам, полученным мною, управдом на Глазовой, этот Иван Кириллович, хорошо только пиво сосет, а что в доме делается — ему и заботы нет. Квартира на пятом этаже Заводиловым снята. По документу — Сергей Аркадьевич, 62 года, из Тамбовской губернии, служит в строительной конторе счетоводом. И затем у него с неделю времени поселился некий Степан Огаркин, 30 лет, крестьянин. Раньше служил сторожем на лесопильном заводе. Имеет две судимости. Одну за грабеж, другую за налет. Вот паренек! Собака тоже налицо. Третьего, которого вы видели, не значится. Выходит, его там водворили, и он, как арестант. Это бывает. Теперь еще фактик. Ваш Груздев молодцом оказался. На Васильевском острове, на Среднем проспекте живет доподлинный Сергей Аркадьевич Заводилов, из Тамбовской

154

губернии, 62 лет, и служит в строительной конторе. Вот это трюк. Два документа на одно лицо.

— Когда вы успели все это разузнать? — с удивлением спросил Сивачев, слушавший с жадным вниманием рассказ спутника.

— Пустяки. Я успел и помещение снять на улице Правды. Комната в пятом этаже. Как есть над хрущовской. Сейчас мы туда с вами едем, будем наблюдать.

Минут через пять они уже въехали во двор. Сивачев выпрыгнул и быстро пошел по узкой лестнице. Это был черный ход.

Башков открыл дверь и вошел в кухню.

Идя следом за ним, Сивачев вошел в коридор и из него в комнату. Из комнаты направо и налево были двери, точь-в-точь, как в квартире Хрущова.

— Это у Хрущев их столовая, налево — спальня, направо — гостиная, — сказал Сивачев и пошел направо.

— И здесь так же.

— Как вы добыли это помещение?

— Случай! Здесь живет один инспектор из угрозыска. Жена и дети на даче. Ну, и сговорились. Он ушел к себе на дежурство, а завтра на дачу уедет. Надо будет, месяц проживем.

Сивачев огляделся.

И здесь комната служила гостиной. Дешевая мягкая мебель, письменный стол. Башков не открыл света и в комнате был полумрак.

— Займемся, — сказал он и передал Сивачеву длинный морской бинокль.

— Вон налево видите голую стену и в ней светящееся окно. На него и смотрите! — Сивачев, не подходя к раскрытому окошку, указал рукой.

Они сидели в полумраке, в пустой квартире и молча наблюдали в бинокль за тем, что Сивачеву было знакомо, а Башков видел в первый раз.

Человек в ермолке, как всегда, установил свои приборы, соединяя их проводами с какой-то машиной, стоящей в глубине комнаты, потом подошел к столу, наклонился, что-то

155

отметил карандашом и вернулся к приборам. Следом за этим на кондукторе одного прибора появилась светящаяся точка, которая быстро разрослась до размера небольшого шара, а затем шар отделился и, светясь бледным голубым светом, поплыл по воздуху. За ним полетели второй и третий.

— Ручаюсь, что в эту ночь будет новый пожар, — сказал Сивачев и продолжал смотреть.

Башков сорвался с места, подбежал к столу, на котором стоял телефон, торопливо позвонил и стал говорить:

— Губпожар. Благодарю... Алло. Где пожар? Так, так, благодарю.

Он повесил трубку, дал отбой и отправился к Сивачеву.

— Вы правы. Горит модельная на заводе "Серп и молот". Доказать, что поджигают эти подлецы, — трудно, но захватить их не ахти что. И мы это сделаем. Да, да!

Он взволнованно прошелся по комнате и остановился перед Сивачевым.

— Я сейчас уеду. Сделаю доклад. Вы останетесь здесь. В кухне наш агент. Отсюда вы ни на шаг. Там стоят две кровати. С утра делать вам будет нечего, займитесь наблюдением. Только осторожно. Я вам позвоню. Ну, пока..

XIX

Сивачев проснулся, услышав звонок телефона, и тотчас подошел к нему.

Послышался голос Башкова.

— Говорю я. Здравствуйте! Следите все время. Надоест, поручите агенту Артемию. В шесть часов придут ваши приятели. В восемь — я.

День тянулся мучительно долго. Кроме шторки со знаками наблюдать было нечего, и Сивачев томился и от безделья и ожидания.

156

То Сивачев, то Артемий брали бинокль, но ничего, кроме опущенной шторы со знаками "6 В 8", не видали.

Наконец в дверь раздался стук. Артемий прошел в кухню и вернулся с Барсуковым. Он вбежал, сбросил шляпу, встряхнул руку Сивачеву и торопливо заговорил, ероша волосы:

— А вот вы где. Я о вас чертовски беспокоился и в то же время боялся итти на вашу квартиру. Интересно, что с ней?

— Скажите, Сергей Семенович, — спросил Сивачев, — отчего эта молния Хрущова просто убила, а у меня пожар и разорение?

Барсуков пробежал по комнате, остановился и развел руками.

— Нет ничего прихотливее молнии. Она разбивает дуб, а иногда выжигает только траву под дубом. Здесь я думаю так: ваш Хрущов держал у глаз бинокль. Молния прошла по металлической оправе, сплавила ее, поразила вашего приятеля и ушла через него в землю. А у вас она разрядилась в воздухе и произвела и разгром и пожар. Все поджоги на заводах произошли таким манером.

— Кто вам указал мой адрес?

— Пришел в университет незнакомец, вызвал меня, объяснил ваш адрес и назначил притти. В чем дело? Как вы тут?

Сивачев объяснил. Барсуков махнул рукою.

— Пропало изобретение. Спугнул его.

— Зато кончатся все преступления. Вчера опять был пожар.

— А может быть вы сумеете догадаться на расстоянии, — засмеялся Сивачев, — смотрите, ведь оно в двух шагах. Поглядите, — и он дал ему бинокль.

В эту минуту в комнату вошел Груздев. Лицо его сияло, когда он здоровался с Сивачевым и Барсуковым.

— Вот и вы! А я, знаете, немного трусил: думал, а вдруг ловушка. Пришел к Тышко какой то человек и говорит, что вы меня ждете к шести часам, и дал адрес. Объяснил, как пройти. А тут какая история. От вас я к Тышко подрал, а вчера захотел в футбол сыграть. Только иду по площадке, смотрю, а там старикова собака сидит. Вот так гвоздь! Я раком, раком, да и удрал.

Они оживленно разговаривали, когда в комнате появился огромный Башков и добродушно сказал:

— Все налицо и все значит в порядке. Знакомиться не будем, а просто здравствуйте. Пройдем — поговорим. А что у него? — Башков кивнул на окошко.

— Сегодня ничего не будет, — ответил Сивачев, — окно занавешено и на шторе знаки.

— Знаки? — Башков взял бинокль и посмотрел на окно. — Сигнал для своих, — сказал он, — вероятно это назначение свидания или собрания. Тогда тоже знаки были. В обоих случаях 8. Это время. А вот цифры и буквы, — подумав решительно добавил. — Необходимо захватить тех, которых сможем. Тянуть канитель — значит множить преступления. Сделаем так. Вы, — он кивнул Сивачеву, — и товарищ Груздев завтра утром будете на улице Дзержинского. На другой стороне наши будут. Как увидите старика, Груздев свою кепку снимет и платком голову вытрет. И все. Дальше: если старик с папиросником увидится, наши люди этого типа не упустят, а следом за этим старика слопают. Вы в это время в автомобиле будете. Его втащат и бороду снимут, вы только посмотрите, он или нет, и сейчас с Груздевым на Глазовую. Поняли? Он в котором часу выходит?

— В девять, — ответил Груздев.

— Ну, значит в девять и вы на углу улицы 3 июля и улицы Дзержинского. А вы, — обратился он к Барсукову, — со мной, на Глазовую. Важно, чтобы при аресте тотчас все приборы осмотреть.

XX

Утром Сивачев был молчалив и сосредоточен, Груздев волновался и только Артемий не проявлял никакого волнения.

158

С улицы донесся отрывистый рев автомобильного гудка.

— Пошли.

Артемий выпустил Сивачева и Груздева, вышел следом за ними, запер дверь и ключ передал Сивачеву.

— Я уже не вернусь, а вы пока здесь жить будете.

Сивачев молча опустил ключ в карман и они сошли вниз, где на дворе их ждал автомобиль.

— Садитесь, — сказал Артемий.

Они вошли. Артемий сел подле шофера и автомобиль, гудя, выехал со двора. Груздев волновался и не мог спокойно сидеть. Они поехали по улице 3-го июля, свернули на улицу Дзержинского и остановились.

Артемий открыл дверцу и сказал:

— Вы, товарищ Груздев, выходите, а вы на месте сидите. Мы к вам его доставим.

Груздев выскочил. Дверца захлопнулась. Сивачев остался в автомобиле и прильнул к заднему окошку. На левой стороне на углу был Груздев, на другой стороне стоял Артемий, закурил папиросу и потом медленно двинулся по улице...

...Вот Груздев снял кепку и провел платком по стриженой голове.

В ту же минуту Сивачев увидел старика в соломенной шляпе. Он шел медленной, степенной походкой. Вот он остановился подле папиросника, взял от него коробку папирос, заплатил и двинулся дальше.

Артемий сравнялся с ним и только прошел мимо, как какие-то два пьяных затеяли ссору и один из них толкнул старика. Старик отодвинулся, пьяные привязались к нему и что-то кричали, размахивая руками. Артемий оказался позади старика и в это время автомобиль двинулся задним ходом. Сивачев откинулся на сиденье. Дверца распахнулась и в автомобиль вскочил Артемий, а следом за ним двое изображавших пьяных, втащили старика и, крепко держа за руки, опустили на сиденье.

— Спокойно, — сказал один и захлопнул дверцу. Автомобиль помчался.

Старик силился освободить руки. Артемий протянул руку и быстро сорвал со старика парик и бороду.

Обнаружилась большая обритая голова, широкий лоб, крупный подбородок.

— Он, он! — закричал Сивачев.

Автомобиль въехал во двор, арестованного увели. Артемий снова сел в автомобиль и машина тотчас же выехала со двора.

— Теперь на Глазовую, — сказал Артемий, — товарища Груздева по дороге захватим. А здоровый мужик, — прибавил он и засмеялся, — можно сказать, не ждал, не гадал.

Автомобиль остановился, в него вошел Груздев и машина помчалась полным ходом.

— Ловко старика сгребли, — возбужденно говорил Груздев, — а папиросника милиционер увел.

Артемий ударил пальцами по стеклу. Шофер остановил машину.

— Вы подождите. Я сейчас. — Артемий вышел из автомобиля, скрылся, почти тотчас вернулся и сказал:

— Все на мази. Выходите.

Груздев вылетел, как мяч. Сивачев вышел следом за ним и огляделся. Они были в конце Глазовой улицы со стороны Звенигородской и Сивачев не сразу узнал местность.

— Вон он, дом-то, — сказал Артемий, — мы нарочно с этой стороны, чтобы нас из окна не заприметили. А вот и товарищ Башков.

Недалеко от дома стоял Башков в гимнастерке защитного цвета и высоких сапогах. Рядом с ним стояли двое, одетых, как и он, с револьверными кобурами на поясе, а перед ним, подняв кверху козлиную бороденку, топтался управдом Иван Кириллович.

— Вы с нами пойдете, — говорил Башков, — а дворник с моим товарищем по черному ходу. Сейчас устройте нам два топора.

— В минуту! — рванулся управдом, подпрыгнув на месте.

Он побежал под ворота дома и Башков обратился к подошедшему Сивачеву:

— Все в сборе. Отлично! Только ученый ваш обещал

160

приехать позднее, — и Башков засмеялся. — Что хотите? Физикус, ученый, а тут с револьверами. Да и не нужен он.

В это время подошел управдом с дворником, который нес два топора.

— Ну, вот отлично! Значит вы, товарищ Груздев, и ты, — кивнул он на одного из агентов, — обогните угол и станьте против стены, чтобы вам окно было видно. Может быть вещь какую или бумагу выбросят, вы тогда подберите.

— Ты, — обратился он к другому, — иди с дворником по черному в пятый этаж и стой у дверей, пока мы не откроем. Если кто выйдет — задержи. В случае чего — стреляй. А мы: я, товарищ Артемий, вы и управдом по парадному двинемся. Дайте топоры.

Он взял один топор, другой дал Артемию и сказал:

— Пошли.

Они бесшумно поднялись до пятого этажа и Башков передал топор Сивачеву.

Он подошел к двери и нажал кнопку звонка. Сивачев вспомнил про окошко, выходящее на лестницу, и поднял глаза. Башков стучал кулаком в дверь и могучие удары гулким эхом раздавались по лестнице. Сивачев вдруг увидел в окошке лицо рыжего великана и поднявшуюся снизу руку с револьвером. Он хотел вскрикнуть, но в это мгновенье раздался выстрел, на площадку посыпались разбитые стекла и рыжая голова скрылась.

— Руку ему разбил, — сказал Артемий, опуская револьвер.

— Бей! — крикнул Башков.

Бух, бух, бух... — гулким эхом разносилось по лестнице.

Сивачев размахнулся и ударил со всей силой. Доска раскололась и упала. Артемий нанес удар по другой доске и дверь распахнулась. Громадная собака с поднявшейся дыбом шерстью с диким рычанием бросилась на Сивачева, но в то же мгновенье раздался выстрел и собака, подпрыгнув, упала на спину. Из коридора загремели выстрелы. Башков и Артемий бросились в двери. Сивачев рванулся за ними.

В то же мгновение сверкнул ослепительным свет, раздался сухой треск, грохот, с потолка посыпалась известка.

— Назад! — крикнул Башков, выскакивая на площадку. — Артемий, пожарный сигнал!

Они возвратились на площадку лестницы; из двери клубами вырывался удушливый дым.

На площадку влетел вихрем Груздев. Лицо его было бледно, глаза вытаращены.

— Там... — прохрипел он, дрожа от волнения, — он выбросился из окна.

Сивачев побежал вниз по лестнице. На площадках толпились люди. Сивачев, расталкивая всех, выбежал на улицу и бросился за угол к стене дома. Он увидел его сразу и сразу узнал в нем человека в ермолке.

Выкинувшись из окна с высоты пятого этажа, он упал спиной на груду битого кирпича.

Сивачев нагнулся над ним, поднял свалившуюся с его головы ермолку и накрыл ею его лицо.

— Расходитесь! — раздался зычный голос.

К стене подошел пожарный автомобиль с лестницей и через минуту она стала развертываться выше и выше до самого окошка, из которого вырывались клубы дыма.

Сивачев бросился к подъезду. По лестнице уже гигантской змеей тянулся черный рукав, пробегали пожарные, кричал брандмейстер.

Сивачев поднялся в пятый этаж. Башков, Артемий и Груздев стояли в стороне, пожарные приникли в горящее помещение.

Огонь сбили. Из двери вместо клубов дыма вырывались клубы пара. Слышались треск и шипенье. Пожарные один за другим входили в двери.

— Можно, — сказал брандмейстер, и Башков в сопровождении Артемия, Сивачева и Груздева прошел через разломанные двери.

Сквозной ветер из окна в дверь проносил дым, от которого слезились глаза и першило в горле. Воздух был насыщен запахом гари, жженой резины и паленой шерсти. Ноги ступали по воде. Они вошли в переднюю, из которой направо тянулся коридор, а прямо был вход в комнаты.

Вытянувшись во весь рост лежала громадная собака с обгоревшей шерстью; в нескольких шагах от нее лежал рыжий великан; он лежал на боку, поджав одну ногу. В застывшей руке его был зажат револьвер. Они прошли в кухню и Артемий открыл дверь на черную лестницу. В кухню вошли агент и дворник.

— Надо убрать собаку и человека. Человека в больницу, — сказал Башков.

Они вернулись в переднюю, перешли через большую комнату, в которой стояли четыре койки, стол и стулья.

— Тут их целая банда жила, — сказал Башков. — Ну, и управдом! За домом из пивнушки следит.

Наконец они вошли в комнату, которую хорошо знал Сивачев, изучив через бинокль, но теперь она была неузнаваема. Потолок обвалился, открыв зияющее широкое отверстие, из которого свешивался толстый железный прут, расплавленный до половины.

Сивачев увидел остов машины на треножнике с колесами. Она казалась скелетом какого-то чудовища, а сгоревшая обмотка кой-где висела на ней словно клочья мяса. В комнате, несмотря на сквозной ветер, чувствовался запах жженого каучука.

— Ну, тут немного что найдет ваш фмзикус, — сказал, усмехнувшись, Башков и, шагнув в угол, где стоял раньше письменной стол, нагнулся над кучей обломков дерева и раскиданных бумаг.

— Все это осторожно собрать. Каждую бумажку, — сказал он.

— А это что? — Башков нагнулся и поднял из кучи обгоревший с угла план Ленинграда. — Вот они знаки! — показал он Сивачеву, — буквы А, Б, В, Д — это горизонтальные линии, цифры 1, 2, 3, 4 — вертикальные. Вот вам и сигналы! В первый раз 3, В, во второй 6, В. Это обозначение места в плане. А 8 — это часы. Ясно.

— Совершенно, — согласился Сивачев.

— Квартиру 6 В вчера товарищи выследили. Я их послал

для наблюдения; они проводили старика до самого дома. Ну, а 3—Д, понятно, они уже ликвидировали.

XXI

На другой день Сивачев был у Башкова. Башков улыбался и потирал пухлые руки.

— Большое дело сделали, большое! Немного с опозданием, а все-таки...

— Что открыли? — спросил Сивачев.

— И эмигранты, и свои вредители, и эстонские шпионы. Всего есть...

Два дня спустя Сивачев вернулся в свою квартиру. Она была вычищена, вымыта, заново оклеена обоями, но хранила следы разрушения.

Конец

www.ingramcontent.com/pod-product-compliance
Lightning Source LLC
Chambersburg PA
CBHW010807250626
47156CB00010B/3032